語れども語れども 1 ● もくじ

本書は「沖縄タイムス」紙に、現在も毎週日曜日市町村面で連載中の同名企画を、第1回からまとめたものである。本文中の年齢などすべて新聞掲載時のままである。本文末尾は取材・執筆した記者名。

語れども語れども

うまんちゅの戦争体験

❶

1

戦は惨め 人が人じゃ無くなる

伊禮進順さん（86歳）

2012年1月8日掲載

死体を横に、戦友から出たウジが浮いている水も飲んだ。極限状態だった。

捕虜になったのは9月14日。沖縄戦で負けたのも、日本の降伏も知らなかった。毎日毎日、死と対決しながら生きていた。本当に地獄でした。

１９４４年10月15日。当時19歳で第24師団歩兵第89連隊（山３４７６部隊）に入隊した。９日に地元の宇江城（旧真壁村）で壮行会があったので出席し、翌朝の汽車で那覇の自宅に向かった。南風原の山川駅まで来ると、突然ドドーンと小禄飛行場方面から聞こえた。10・10空襲だった。

慌てて汽車を降り、そこから3駅、1時間ほど家まで走った。何十人何百人と焼け出され逃げ回る人々。真っ黒にやけどを負った人もたくさんいた。

家は燃えさかって近寄れず、ただぼうぜんと眺めるしかなかった。妊娠した妻の消息も不明。無事だと分かったのは、戦後の45年11月だった。

10・10空襲を目の当たりにしても、入隊を怖いとも思わなかった。軍国少年だったし、ただお国のため、死ぬのは当たり前だと。あの時は、敗残兵として逃げ続ける日々が来るとは考えもしなかった。

運玉森の地獄

沖縄戦では歩兵、第7中隊の一員として戦った。戦時中のことはすべて覚えているが、5月の運玉森での戦闘は本当にむごい。この世に地獄があるなら、まさにあれだ。部隊には全部で166人だったが、第2、第3小隊は全滅。2日間で3分の1になった。

アメリカー（米兵）との手りゅう弾戦。僕らは崖を背にしてたから最初は外れたが、その後、彼らは弾にひもを付けて確実に狙ってきた。ちょうど僕らの胸の辺りに爆弾がぶら下がる。もう自分の弾を投げるどころじゃない。敵の弾を投げ返すのに必死だった。

僕が居た第2小隊は48人。午前10時からの戦闘は午後6時ごろに終わったが、ふと周囲を見渡すと、みんな血だらけになって倒れていた。何とも言えない、無残な姿。僕と北海道出身の島清君（故人）だけを残して、全員死んだ。

「伊禮は沖縄の人間で郷土を守る義務がある。地理にも明るい」などと言われ、敵陣へ5夜連続で斬り込みにも行かされた。手りゅう弾を手に敵を襲撃し1回目は成功したが、それ以降はもうだめだった。さすがに6回目はむっとして「またですか」と憤った。

自決する覚悟

艦砲射撃で吹き飛ばされたこともある。空中で一回転したままでは覚えているが、どう落ちたかも分からん。「伊禮、伊禮」と声がして気が付くと、体が血でヌルヌルしてて、もう死ぬかと思っていた。

6月下旬、敵が目前に迫った時、「負傷兵は戦闘の邪魔だ」と壕から追い出された。あの時は自分らを見捨てた大隊長を恨みもしたが、その後、国頭へ向かった彼らは全滅した。今思えば、あのおかげで生かされたと感謝している。

与座の病院壕で、8月11日まで潜んだ。薬も飯もない。軍医もいない。みな負傷者で、死体も片付けられずそのまま。あの死臭は耐えられるもんじゃないが、我慢するしかなかった。死体を横に、戦友から出たウジが浮いている水も飲んだ。極限状態だった。

兵隊5人、民間人4人と一緒に壕から壕へと逃げ回った。玉城の前川に向かう途中、新城の米軍キャンプから何十万発という銃声が上がり、大歓声が沸いた。いま思えば、終戦を祝っていたのだろう。

民間人と一緒では危険だと考え、4人と別れることにした。軍刀を手に「付いてきたら、たたき切る」と、脅しもした。何も感じない。ただ、お互いが生きるためだった。

毎日をどう生きるか、それだけを考えた。ただ、米兵に見つかりそうな時は、手りゅう弾の安全ピンをくわえ身を潜めたこともある。自決する覚悟だった。無我夢中で何も考えられない。捕まるなら死のうと思った。

戦は惨めだ。話はこれだけじゃない。いくらでもある。非情、むなしいだけ。人が人じゃ無くなる。一番苦しむのは弱い人。女性や子ども、お年寄り。何度でも言う。戦争は二度とやっちゃいけない。

（新垣玲央）

2 疎開先で死んだ子も犠牲者

町田妙子さん（81歳）

2012年1月15日掲載

学校は保護者に対して子どもたちの疎開を求めたが、最初は希望者はいなかった。父は青年学校の教頭をしていたので、率先して私たちを疎開させる必要があった。私と2歳下の妹が疎開することになった。どうしても師範学校女子部に進学したかったので、悔しくて泣いたことを覚えている。

宮崎県岩戸村（現・高千穂町）に疎開したのは1944年9月。両親と別れ別れになり、沖縄戦で沖縄が「玉砕」したといううわさが伝わる中、慣れない生活でつらい日々だった。しかし、岩戸村では先生方や地域の方々はとても温かく迎えてくださった。決して忘れることはない。

太平洋戦争が始まった時（1941年）は、越来村（現・沖縄市）の越来国民学校（現・越来小）初等科5年生だった。竹やり訓練や運動場の周囲に掘られた防空壕の上に登って飛び降りたりと、米軍上陸に備えた訓練が始まった。一生懸命頑張った。熱心な「軍国少女」だったと思う。

44年7月にサイパン島が「玉砕」し、次は沖縄が危ないと大騒ぎになった。学校は保護者に対して子どもたちの疎開を求めたが、最初は希望者はいなかった。父は青年学校の教頭をしていたので、率先して私たちを疎開させる必要があった。私と2歳下の妹が疎開することになった。どうしても師範学校女子部に進学したかったので、悔しくて泣いたことを覚えている。

対馬丸が沈没――

越来からは、児童46人と引率者を含む計53人が疎開することになった。8月下旬、那覇港に着き、対馬丸に乗ることになっていた。しかし、那覇の児童が大勢乗ったことで乗船できず、いったん家に戻った。数日後、公にはされなかったが、対馬丸が米軍に沈没させられたという話が伝わり、学校や親たちがパニックになった。母の妹も亡くなり、母は疎開に反対した。私は高等科2年で最上級生だったので辞退はできなかった。

潜水母艦乗船――

2週間ほどがたち、緊急招集され、疎開した。潜水母艦「迅鯨」に乗船し、万が一の撃沈に備え、海に飛び込めるようにと、竹などの浮く物を持参した。

3日かけて鹿児島に上陸し、岩戸村に向かった。山奥に進むにつれ、次第に不安を感じ、泣きながら山裏国民学校に着いた。しかし、学校では暖かい布団やストーブが準備され、食べ物の差し入れなどもあり、歓迎された。地域の方々の温かさに不安感は徐々に消えた。戦時下で生活は豊かではなかった。

しかし、対馬丸の沈没で家族を失い、疎開後に知らされて精神を病んだ下級生の男の子もいた。栄養不足が原因の黄だんで、体調を崩して亡くなった同級生もいた。沖縄戦で戦場で亡くなった人だけでなく、二人も戦争犠牲者。そのことは知ってもらいたい。

疎開中は初めて見る雪に感動し、はだしで運動場に飛び出し、霜焼けになることもあった。運動場の土手に横穴を掘り、野菜を保管する習慣など沖縄との違いに驚くこともあった。

戦後、疎開者で山裏会を結成した。疎開児童に親身になって世話をしてくれた佐藤好美さんの家族や山裏国民学校の後身の上岩戸小学校(一昨年に閉校)の児童とは今も交流が続いている。戦時下で決して裕福ではなかったと思うが、岩戸村の方々には非常に親切にしてもらった。今も幼児教育の仕事をしているが、子どもたちには感謝の心と、けんかや戦争は絶対にいけないと伝えている。二度と私たちのようなつらい思いはさせたくない。

(平良吉弥)

3

身も心も休まる時なかった

儀間キヨさん
（89歳）

2012年1月22日掲載

８月に入り、ついに伊是名島にも米兵が上陸した。「若い女性はアメリカーに連れて行かれる」という話があり、みんな、髪を短く切り、ボロを着て、鍋のススを顔に塗りたくって対策した。

戦争の色が濃くなってきた１９４４年。当時21歳で、２歳の息子を抱え、農業をしながら生活していた。伊是名村は激戦地ではなかったと言われることがあるが、戦争中は毎日、生きることで精いっぱいで、戦争の恐ろしさは今でも覚えている。

伊是名村勢理客区に生まれ、沖縄戦も勢理客区で体験した。10・10空襲から伊是名島周辺の戦争も本格的に始まり、その後は飛行機からの爆撃が断続的に続いた。ある時、激しい空爆があり、役場や郵便局があった伊是名区に多くの爆弾が落とされた。勢理客区も家屋１軒が爆撃でつぶされた。

住民たちは親戚や仲のいい友人などと協力して、

防空壕《ごう》を掘り、自分たちの避難する場所を確保した。勢理客区の住民は家の近くのほか、大野山のふもとにも防空壕を掘った。

昼は山の防空壕、夜は家に戻り、自分たちで作っていた麦やアワ、芋を、隠れながら起こした火で炊いて食べる生活が続いた。食べ物に困ることはなかったが、毎日、いつ死ぬかも分からない状況で、身も心も休まる時はなかった。

必死にあやす――

防空壕への避難時、音が漏れると狙われるという話があり、ほかの人の壕の前を通っただけで「音を立てるな」と怒鳴られた。息子が泣かないように必死にあやすなど神経をすり減らす日々が続き、周りのことを考える余裕はなかった。

村の青年たちはみな召集された。召集された青年たちを乗せた船が沖縄本島に向かう途中に攻撃に遭い、沈没したこともある。

顔にスス塗る――

45年6月、隣の伊平屋島が、海を埋め尽くすほどたくさんの米艦隊からの艦砲射撃や爆撃を受け、上陸された。

8月に入り、ついに伊是名島にも米兵が上陸した。「若い女性はアメリカーに連れて行かれる」という話があり、みんな、髪を短く切り、ボロを着て、鍋のススを顔に塗りたくって対策した。結局、連れて行かれた人はいなかったと思う。

米兵は伊是名区の仲田喜正区長を村長に任命。仲田村長は村民から「アメリカ村長」と呼ばれた。

仲田村長が、勢理客区の住民を前兼久の広場に集め、「ウチナーや、戦ぬアメリカんかい負きやびたん。戦争終わえなー、アメリカにないびたん」と敗戦を伝えたことは印象に残っている。各集落を回り、敗戦を伝えたと思う。

「やっと終わった」という安心感と「アメリカになった」という複雑な気持ちはあったが、それからは、島に平和は戻った。

戦争の話をすることはあまりないが、戦争を知らない若い人に、戦争の悲惨さは伝えないといけない。あんな戦争を二度と起こしてはいけない。

（浦崎直己）

4 壕で酒「死は今日か明日か」

大城英三郎さん（94歳）

2012年1月29日掲載

上官が「勇敢」だった部隊は封鎖を突破しようとして全滅している。

沖縄戦では中飛行場（現・嘉手納基地）を守備した通称・球部隊に所属していた。艦砲射撃やグラマン戦闘機で攻撃する米軍に対し、私たちの武器は三八式小銃のみ。戦闘機を打ち落とせるわけもなく、防空壕に隠れていた。

米軍は上陸後、嘉手納から沖縄市方面に進み、球部隊は南北に分断された。

ある時、上官の山城兵長からうるま市石川山城の自宅に隠している酒を取ってくるよう頼まれた。壕に戻り、2人で「戦世ぬ遊び（戦争時の楽しみだ）」と言い、酒を飲んでいると、避難民が「戦争に勝てますかね」と聞いてきた。「日本は勝つ」と答えたが、米軍の兵器や物資を見て、心では負けを覚悟していた。

5歳と2歳の子ども、妻の安否は不明。自分の死は覚悟できたが、家族を思うと何とも言えない気持ちになった。「今日死ぬか明日死ぬか」と言っていた山城兵長がその後、どうなったかも知らない。暗い壕で飲んだ酒は忘れられない。

球部隊の本部がある南部に進もうとしたが、別部隊から「米軍が封鎖して南下できない」と聞いた上官が南進をあきらめた。南部は大激戦と聞いていたので「生き残れるかもしれない」と思った。

いま考えると上官が「勇敢」だった部隊は封鎖を突破しようとして全滅している。私らはこの判断に助けられた。

夜間移動や砲弾を避けていると部隊はバラバラになった。私は武器も兵服も捨てて、6月末ごろ、男3人で恩納村山田の壕にいたところ、米兵に見つかった。米兵はいきなり読谷出身の男性を撃ち、彼は即死。死を覚悟したが、発砲されず石川の収容所に送られた。

近衛騎兵憧れ

私は軍国青年だった。沖縄戦前の1938年に徴兵され、熊本県の兵学校に入ったが、沖縄人は差別され、同期にも見下されていた。

新兵の人気は天皇陛下に仕える近衛兵。私も近衛騎兵にあこがれていた。ある日、「沖縄人、お前らは馬に乗れるか」と言われ、私はサッと馬に乗ってみせた。私ら農民は小さい時から畑作業で馬に乗っている。それを知らない本土の人は「馬術にたける」と驚いていた。

熊本ではマラリアに罹り、悔しい思いで沖縄に戻ったが、終戦後の収容所では「マラリアの病歴があり軍人ではない」と米軍に認められ、家族との再会も早かった。人生、何で得するか分からない。

復興に燃える――

終戦後、読谷村は大部分を米軍に接収された。1946年に知花英康村長に「村を復興させる建設隊に加われ」と言われ、村波平と高志保のわずかな土地に帰村第一陣として戻った。

村は艦砲射撃や米軍のブルドーザーによって、家や畑がつぶされていた。使える材木を集めて家を建て、畑を耕していもを増産させ、井戸を掘って、住めるようになれば、収容所の村民を呼び戻した。

もう建設隊メンバーで元気な人は少ないが、みんな「戦前の村をよみがえらせる」と意気込み、きつい作業を毎日熱心に取り組んでいた。

いま、沖縄は発展しているが若い人や議員は、しっかりしてくれという思いもある。心に持ってほしいのは戦争反対の気持ち。戦争は悲惨だ。自分に真心があれば争いはおきない。それが広がれば国同士の戦争も起こらないだろう。

（新崎哲史）

5　戦争は家族をバラバラにする

小波津盛光さん（76歳）

2012年2月5日掲載

目取真に着いたとき、母は亡くなった。何とも言えない感情だった。何人もの死体を見てきたし、逃げるのに必死になっている異常な状況。感覚がまひしていたんだと思う。

沖縄戦が始まったのは10歳のころ。1945年の3月下旬から4月上旬だったと思うが、西原町小波津の自宅近くに日本軍の陣地があり、中城湾に停泊する米軍艦から激しい艦砲射撃が降り注いだ。

当時、大人たちは近くの裏山から竹を切り取り、戦車の模型を作っていた。米軍が間違って撃てば、その分、弾が減るだろうという考えだが、今考えるとばかばかしい。

自宅近くに親が掘った壕があり、親類ら10人と一緒に身を隠した。近所の人は墓の中に隠れていたが、艦砲射撃で落盤し、生き埋めになってしまった。着弾するのが数十メートルずれていたら、私たちは今、生きていなかっただろう。

間近に悲惨な死――

ここは危険だと言うことで、母の両親が住む那覇へ逃げることになった。3歳の妹を背負って歩いた。途中、初めて死んだ人間を見た。震え上がり、歩いているつもりだが、足が前へ進まなかった。私もいつ、こういう姿になるのかと恐ろしかった。

那覇の桜坂近くにまんじゅう形の山があり、その壕へ入った。爆弾が落ちるたびに地響きがした。ついに至近距離に落ちた。ものすごい爆発で弟の体半分が土に埋まった。父らが何とか掘り起こし、その後は旧山形屋近くの墓の中へ移動した。

朝の10時ごろだったと思うが、当時妊娠していた母が迫撃砲で被弾した。足の肉がはがれ、ふくらはぎがなくなる重傷。無数の破片も刺さり、とても痛そうだった。

薬もなく、手当ては豚の脂に塩を混ぜたものを塗るくらい。母は「水を飲ませて」と何度も言っていたが、水を飲ませるとすぐ死んでしまうということで、水をあげられなかった。

夜になるのを待ち、南部へ逃げた。照明弾が上がり、昼のように明るい。爆弾が落ちる様子も見えた。旧大里村目取真に着いたとき、母は亡くなった。何とも言えない感情だった。何人もの死体を見てきたし、逃げるのに必死になっている異常な状況。感覚がまひしていたんだと思う。

祖母と妹も失う――

旧玉城村船越に着くころは梅雨に入っていた。壕は地元の人でいっぱいで、岩陰や民家に隠れるしかなかった。そこにいた日本兵から「何かあったら使え」と手投げ弾2発をもらった。

糸満市の真栄里に着くと、家主の好意で民家を借りられた。しかし、後から来た浦添の人が大人数なので、その場所を譲った。夜が明けてしばらくすると迫撃砲が落ち、彼らは犠牲になってしまった。昼間だったけれど逃げた。海が見える所まで来ると、軍艦でいっぱいだった。健児の塔から数十メートルの所に自然壕のような場所があり、日本兵がたくさんいた。」

「手投げ弾は持っているか」と聞かれた。殺されるかと思ったが、持っている拳銃と交換してくれとのことだった。手投げ弾だけを渡すと兵隊たちは喜んで出て行った。たぶん自決したんだと思う。

翌日、皆で白いものを身に着け、歩いて出た。米軍に捕まり、糸満の収容所に集められた後、石川へ移動させられた。収容所では栄養不足で祖母と妹が亡くなった。

戦争は家族をバラバラにしてしまう。戦が終わっても、食べ物も何もなく、本当に大変だった。テレビで飢餓に苦しむアフリカの子どもたちを見ると、捕虜だったころを思い出す。

（下里潤）

6 少年護郷隊 米と戦力差歴然

比嘉文雄さん（83歳）

2012年2月12日掲載

私にとっては初めての実戦だったが、武器が少なく帯剣しか持たされていなかった。

久辺尋常高等小学校を卒業して間もなく、伊江島飛行場の建設工事に駆り出された。1943年ごろだったと思う。久志村（現名護市久志）から伊江島行きの船が出る本部町渡久地まで、スコップを担いで歩いて向かった。

十分な食事もなく

伊江島には北部各地の人々が奉仕団として集められていた。私は飛行場本体を建設する班だった。作業中に座ろうものなら叱られるし、十分な食事もなく過酷な労働だった。おかずは家から持ってきた油みそぐらい。作業によって「翼岡飯場」「製糖飯場」「山々飯場」など寝泊まりする場所があり、合わせて千人以上はいたと思う。15日交代で実家に戻り、繰り返し駆り出された。伊江島には十数回行った。

44年の「10・10空襲」は伊江島で経験した。午前9時ごろに空爆が始まり、作業現場の飛行場も攻撃された。私も命からがらで松林に逃げた。それ以前から本島側が空爆されていて「日本軍の演習じゃないか」という人もいたが、南洋諸島が陥落し、次は沖縄か、台湾上陸かもしれないと思っていた。

その後、二十歳未満の男子で編成する少年護郷隊の召集令状を受けた。名護国民学校に集められ、10月中旬から基礎訓練や遊撃戦の基本訓練を受けた。久志村出身者は第3中隊（木下隊）に配属された。私は無線通信班として、本部町の八重岳近くの「302高地」で守備についた。45年3月中旬から連日、空襲が激しくなっていった。

4月12日、後方から銃声が聞こえてきた。敵襲だった。私にとっては初めての実戦だったが、武器が少なく帯剣しか持たされていなかった。前方の兵隊が次々に倒れ、辺りは鮮血で染まった。約40人の守備隊のうち3分の1が戦死した。「302高地」の陣地を捨て、宇土大佐の部隊がいる八重岳に「転進」することになったが、実際は撤退だった。米軍との戦力差は歴然で、勝てるわけがなかった。

八重岳の部隊と合流後も夜間行動しかできず、食糧や水も底をついていた。艦砲射撃も激しさを増し、私もその破片が頭に当たり、触ったら多量の血が出ていた。驚いて野戦病院に行ったら、軍医に「これくらいの傷で来るな」と怒鳴られ、追い返された。私よりも重傷な兵隊がいたからだろう。病は気からというのか、しばらくすると出血は治まっていた。

ハワイの収容所へ

数日後には米軍の猛攻撃を受け、八重岳の陣地も持ちこたえられなくなった。護郷隊本部がある多野岳（現名護市）に転戦。約1週間でたどりついたが、武器も食糧もほとんどなく、やがて解散命令が出た。実家に戻ったのは5月。その後、屋嘉収容所で「6月22日早朝、牛島司令官が自決した」という張り紙を見て敗戦が分かった。

戦後は捕虜としてハワイに連れて行かれることになり「殺されるんだな」と覚悟していた。移送中、船から海に飛び込み、逃げようとする人もいた。だが、ハワイでの収容所暮らしは想像とは違っていた。食料も十分に与えられ、歯の治療も受けた。捕虜に歯の治療をするなんて不思議な国だなと思った。

今でも沖縄戦の夢を見る。巨人のような米兵が大きな足で山から山へ歩いていく夢。「皇軍不敗」と天皇を敬い過ぎた。戦争ほどみじめなものはない。

そういう教育をした国が悪いし、国民も何も言えなかった。いろいろな意見が言えることが大事だと思う。

（長浜真吾）

7 腐った日本兵 耳や鼻にたばこ

石川正一さん
(76歳)

2012年2月19日掲載

父6月22日にひめゆりの塔近くで亡くなった。あと1日逃げることができたら、生き延びていたかもしれない。

伊波国民学校（当時、美里村）の3年から4年生にかけて沖縄戦を体験した。学校では竹やり訓練や防空壕《ごう》への避難訓練が行われていた。

1944年の10月10日午前10時ごろ、海から飛行機が飛んでいった。初めは友軍かと思って喜び、石垣に上って「万歳、万歳」とはしゃいだ。しばらくしてサイレンが鳴り響き、急いで家の防空壕に隠れた。10・10空襲の日だった。

その日以降、那覇から風呂敷を持って避難する人々が増え、私の住む石川部落の前には行列ができた。お年寄りや小さな子どもの歩く姿がかわいそうで、水やイモをあげた。げたの鼻緒が切れてはだしで歩く人の白足袋から血がにじんでいた。そのころから戦争をより身近に感じるようになった。

誰かは生き残る

米軍の上陸が差し迫った翌45年3月、防衛隊にとられた父は島尻へ向かい、母と弟、妹たちは今帰仁へ避難、4人きょうだいの長男の私と祖母は石川に残った。父は「そうすれば誰かは生き残れるから」と話していたが、それが父との今生の別れになった。

父は激しい戦闘に巻き込まれ、6月22日にひめゆりの塔近くで亡くなった。あと1日逃げることができたら、生き延びていたかもしれない。

石川に残った私は部落の住民約20世帯とともに石川岳に逃げた。西海岸を米軍艦がいっぱい埋め尽くし、日本軍の特攻機が突っ込んでいた。米軍艦の激しい砲撃を見て、とても日本軍ではかなわないと、子どもながらに思った。

ある日、15人ほどの日本兵がやって来た。一カ所に住民を集めて日本刀を振り回し、「アメリカ畜生を追撃に行く。腹ごしらえのためおにぎりを50個作れ」と言った。その翌日もまた来て「今日も倒すから作れ」と要求した。本当に戦いに行ったのかは分からない。飯をたかりに来ていただけかもしれない。

石川岳の頂上から周辺に米軍がいないかを確認してから、部落へときどき食料を取りに戻った。田んぼの溝には腐った日本兵の死体が転がっていた。たぶん米兵がやったと思うが、耳や鼻の穴にはたばこが突っ込まれ、無残だった。

逃げるのに必死

山中では日本軍と米軍が闘っている間を逃げ回ったが、運よく流れ弾には当たらなかった。怖いというよりも逃げるのに必死だった。避難中、負傷し内臓が出た日本兵と遭遇した。日本兵は「坊や、水ちょうだい」と頼んだが、水をあげたらすぐ死ぬと聞かされていたためそのまま立ち去った。翌日には死んでいた。どうせ死ぬなら水を飲ませてやればよかった。

4月末には部落のみんなで投降した。自宅は戦禍を免れたが、読谷や嘉手納の避難民100人ほどで既にいっぱいだったため、親類の家に身を寄せた。

体中シラミだらけで、かゆくて大変だった。衛生状況がよくなかったため、マラリアや赤痢がはやった。7月には今帰仁から母たちが戻ってきたが、末っ子の2歳の弟は赤痢で亡くなってしまった。

父の命日の6月22日には仏壇に手を合わせ、翌23日の「慰霊の日」には孫5人を連れて、糸満市役所から平和祈念公園までの11・8キロを歩いている。途中、「この辺りで父が亡くなった」と話しながら平和の大切さを説いている。

年々戦争体験者は減る一方。遺児ですら80歳近い。だが、私たちが語らないで誰が語るのか。惨めな思いは私たちで十分。子どもたちには味わわせたくない。戦争だけは絶対にしてほしくない。

（石底辰野）

8 勤皇隊から捕虜　異常な3カ月

戦争が始まって2度目の再会を果たした。「奇跡」だと思った。

新垣源吉郎さん（84歳）

2012年2月26日掲載

1945年3月、県立一中を卒業し、そのまま鉄血勤皇隊に動員された。それから捕虜になるまでの3カ月間は、正気の世界ではなかった。

学校に通っているときは楽しかった。自宅のある南風原村（当時）与那覇から首里まで通学。途中、汚れた足を民家の防火水槽で洗って住民に怒られたりと、戦争の色は日増しに濃くなっていたが日常に笑いがあった。

そんな状況が一変したのが、44年の10・10空襲だった。登校で首里の高台に差し掛かったとき、東の空から飛行機の音…、程なくして那覇方面から「ボーン」と爆撃の音が響いた。学校には着いたが、すぐに帰るよう言われた。

帰宅し、昼食を終えた午後3時ごろ。家でゆっくりしていると、いきなり焼夷弾《しょういだん》による攻撃が始まった。与那覇には各班ごとに壕があるので、住民はすぐに避難した。死者は出なかったが、100軒近くあった民家はほぼ全焼した。

除隊に気後れ

鉄血勤皇隊に入った日のことはよく覚えている。配られた軍服がぶかぶかで、袖を何度も折り曲げた。ふんどしをしたのも生まれて初めて。軍国教育の中で育ち、「兵隊に行くのは当然。最期まで戦い抜く」と強い気持ちでいた。

日夜、砲弾が飛び交う中、首里の第32軍司令部壕で壕構築や通信補助などに従事した。目の前に砲弾が落ちたが、不発だったので命拾いしたこともある。そんな中、5月中旬、突然除隊になった。おそらく軍の食料が少なくなったからだと思う。将校が全員を壕の外に集め、19人が任を解かれた。今思えば「幸い」だが、そのときは気後れし、「帰りたくない」と思った。

私服に着替え与那覇へ戻ったが、家々は焼かれ、壕をのぞいても猫の子一匹いなかった。大里村（当時）西原にいる親族から家族がいる場所を聞き、現在の琉球ゴルフ倶楽部に近い、玉城村（当時）親慶原の壕で父、姉と再会した。本当にほっとした。うれしかった。

壕で姉と死別

だが、その壕で姉が流れている川に落ち命を落とした。さらに、壕を出て逃げる途中、父とはぐれた。「もう会えない。どうせ死ぬなら家で」と、与那覇を目指した。途中、道で出くわした4、5人の日本兵に「道が分かるお前が前を行け」と言われ歩いていると、米兵に見つかり、左手の甲を撃ち抜かれた。必死にはいつくばって逃げた。

大里村真境名に入ったとき、民家の塀の上に英文で「ミートアンドベジタブル」と書かれた缶詰を見つけた。さらに、真っ暗な壕の中では甕《かめ》に入った黒糖も。あごが溶けるくらいおいしかったなあ。でも空腹で食べたから3日間下痢になった。苦しかったよ。

その真境名で捕虜になった。玉城村百名の収容所まで歩かされているとき偶然、道路工事にかり出されていた父に再会した。父ははぐれたわたしを毎日捜し歩いている最中、米軍の捕虜となっていた。戦争が始まって2度目の再会を果たした。「奇跡」だと思った。

戦後、米袋の裏に戦争体験を時系列で書き留めた。こんな時代があったことを忘れてはいけないとの思いからだ。

勤皇隊に残った友人の多くは亡くなった。同級生で年に2、3回集まるが、戦争の話しか出ない。そして今でも毎年、姉が亡くなった壕へ行き、家族で手を合わせている。

あの時代は、人の命なんてこれっぽっちも大切にされなかった。軍が大手を振って歩く時代がもう二度とあってはいけない。

（大野亨恭）

9

砲弾の破片直撃 九死に一生

砲弾の破片が背中をえぐっていた。今でもあばら骨に削られた痕が残っている。

津嘉山寛喜さん（80歳）

2012年3月4日掲載

北谷村（当時）の北玉国民学校で6年生になると、卒業後は中学に進学し、将来は軍人になることが夢になっていた。ところが家は極貧。両親の苦労を知っている周囲の大人は反対したが、先生方の勧めでようやく受験できることになり、合格。1944年4月、首里にあった県立第一中学校に入学した。

しかし、まともな授業があったのは7月まで。8月以降は軍の作業に駆り出された。防空壕掘り、那覇港で船から降ろされた軍事物資のトラックへの積み込み、嘉手納までの運搬などがあった。海軍壕も掘った。

北谷村桑江の実家から軽便鉄道に乗って学校まで

通っていたが、10月10日の10・10空襲で鉄道が破壊されてからは、歩いて通学していた。夜明け前に家を出ないと間に合わないが、家には時計がない。母親は星や月を時計代わりにして早起きし、食事の準備をして送り出してくれた。そんな様子を見ていた父親が2頭のヤギを売って、自転車を買ってくれた。うれしくて大泣きした。学もない両親だったが、世界一立派な親だったと誇りに思っている。

乱射受け父亡くす

翌45年の3月23日朝、5、6人で登校していると、空襲警報が鳴った。半数は学校が近いからと学校へ行き、半数は家に帰った。学校へ行った仲間はその後、軍と行動することになり、摩文仁まで追い詰められて全員亡くなった。家に帰った仲間は全員無事。人間の運命の分かれ道とは、本当に紙一重だと思う。

米軍上陸が始まった4月1日、私は現在の北中城村屋宜原の近くに掘ってあった防空壕に5家族で避難した。ところが米軍はどんどん進軍してくる。別の壕に移ろうと準備していると、入り口付近で砲弾が爆発し、私を含め3人が被弾した。家族は私が即死したと思い、ほかの2人と並べてむしろをかぶせたらしい。家族がその壕を去ろうと入り口を出た直後に、奇跡的に私だけが息を吹き返した。

当時は、重傷者に水を飲ませてはいけないと言われていたが、親は私がもう助からないと思ったのだろう、急須にくんできてくれた。砲弾の破片が背中をえぐっていた。今でもあばら骨に削られた痕が残っている。

その後、安全な場所を探しているうちに米軍の陣地に踏み込んでしまい、父は銃の乱射を受けて亡くなった。私たちは先祖伝来の墓に避難することにしたが、前年に他界した祖母が埋葬されたばかり。内部を石油で消臭し、祖母の遺体は洗骨して骨壺に納めた。

収容所で小屋造り――――

4月15日ごろ、生活用品を取りに村に戻ってきた捕虜の人たちと出会い、一緒に中城村（現北中城村）島袋・比嘉の収容所に連れて行かれた。2万人余の人が集まっているということで、住宅はもちろん家畜小屋まで人であふれ、足の踏み場もないほど。ようやく馬小屋のような所を見つけ、生活するようになった。診療所らしきテントを見つけて恐る恐る中に入ると、米兵が背中の傷に白いガーゼを当ててくれた。少しだけ分かる英語で「サンキュー」と礼を言うと、米兵はうれしそうだった。

その後、この辺りの収容所は激戦地からの流弾の危険性があるということで、強制的に宜野座村福山の収容所に移送された。住居を確保しなければいけないが、大人の男は兵隊にとられていない。女性や小さな子どもが茅《かや》や木材を切り出し、14歳の私とお年寄りの2人が小屋造りを担当した。6、7軒ほど建て、「たいしたものだ」と褒められたことが忘れられない。

（鈴木実）

10 生徒駆り出され きつい軍作業

下地彦一さん（81歳）

2012年3月11日掲載

主な仕事は、飛行機の格納庫施設を造ること。周囲から掘り集めた土をもっこで担いで、丘のように高く積み上げた。

１９３０年４月に宮古島の城辺長間で生まれ、育った。小学校5年生のころ父親と姉が病気で相次いで他界した。そのころから、イモを植えるなど家の畑仕事を手伝っていたが、宮古中学校への入学を期に、家を離れて先輩と2人で平良での下宿を始めた。

中学入学直後は勉学に励んでいたが、中学2年生の2学期ごろから、生徒が日本軍の飛行場の建設作業に駆り出されるようになっていった。

主な仕事は、平良にある旧海軍飛行場（現在の宮古空港）で飛行機の格納庫施設を造ること。周囲から掘り集めた土をもっこで担いで、丘のように高く積み上げた。生徒がみんな駆り出されて大変なきつい作業だった。上野野原の陸軍中飛行場でも数日作業を行った覚えがある。

当時は台湾に疎開で渡っている同級生らも多く、残った生徒で軍作業を行っていた。軍の命令があったのか、先生方の話し合いで手伝うことを決めたのか、定かではないが、1年生までは普通に学校で勉強をしていたので、このころから戦争の雰囲気が強くなった。

機銃掃射に遭う――

中学3年になると、城辺下里添（更竹地区）にあった防空壕の中で、通信隊員の指導で無線通信技術の教育を受けた。指導は上等兵の仕事で厳しい教え方ではなかったが、教えられる内容が面白くなかったので嫌だった。2等兵の線か星かが入った刺しゅうのような印を洋服に着けられたことを覚えている。

通信隊の壕は自宅から近かったので、平良ではなく、長間から歩いて通うようになった。この時期になるとよく空襲や機銃掃射を受けるようになり、飛行場から作業の帰りに敵機の機銃掃射に遭うこともあった。

中飛行場への敵機の空襲は、自宅のある長間から近く、高度を低くして飛行場に近づく機影が見えた。敵機は飛行場で空襲を行い、その帰りに長間を通って「バラーッ、バラーッ」と機銃掃射をした。

敵機襲来の前にはサイレンが鳴ったので、牛馬の畜舎の石積みの囲いの陰に隠れて、飛行機が立ち去るのを待った。自宅に戻ったら、家の軒に弾の跡が残っていたこともある。

また中飛行場から打ち出した友軍の流れ弾が長間に飛んで来ることもあり、それで地域の子どもが亡くなることもあった。畑の中に薬きょうが落ちていることもよくあった。

誰でも平和でゆとりのある生活が望ましい。これからも自分たちが経験したような戦争は無い世の中になってほしいと思う。

（与儀武秀）

「日本は神の国」――

戦争が終わったことは、軍作業に出ていた先輩から聞いた。毎日のように空襲を受けて、あれだけ追い込まれていても「まさか日本が負けるわけがない」と思っていたのは、教育の力が大きかったから。

小学校でも朝の朝礼時から食事時間まで、ずっと「日本は神の国」「死んでもラッパは離しません」「死ぬ時は天皇陛下万歳と言って死になさい」と先生から教えられていた。教育によってそのように思い込まされていた。

敗戦を知った時は「残念だ」と感じたが、今になって振り返って考えたら本当に大変な時代であり、戦争が終わって良かったと思う。通信学校にも行かなくていいし、機銃掃射も無くなった。自分の場合は、身近な親族で空襲などの犠牲になった人がいなかったことも恵まれていた。

11

避難中　銃撃におびえ芋堀り

当時、北部地域には中南部からの避難民が大勢押し寄せていた。避難生活では、食糧確保が問題だった。

仲村実男さん
(80 歳)

2012 年 3 月 18 日掲載

1944年の「10・10空襲」の日、国頭村辺土名の空は快晴だった。当時は、国頭国民学校高等科1年生。突然の警報発令があり、西の方角から数機の戦闘機が低空飛行で頭上を飛んでいった。煙をたなびきながら飛行する1機を追い掛けるように、後方に3、4機が飛行。どちらが敵か味方か分からなかった。

その後、佐手に日本の戦闘機が落ちたと聞いた。無敵の皇軍と言われたが、まさか撃墜されるとは夢にも思わず、みんなぼうぜんとしていた。

沖合では、攻撃を受けたポンポン船が、操舵《そうだ》手をなくしてぐるぐると海上を回っていた。

仏壇から離れず

国民学校では防空壕と避難壕づくり、竹やり訓練ばかりで、ほとんど授業はなかった。45年3月22日、戦艦「金剛」に乗っていた長男の戦死広報が届いた。母はずっとむせび泣いていた。

翌23日、空襲警報が発令されたが、ショックで動けない母と弟2人と共に、家族は家に残っていた。24日朝、空襲で村は攻撃され、近所の住民は皆避難したが、私たち家族だけ家に残っていた。弟2人と共に、家の敷地内に掘った防空壕に逃げ込んだ。

母は仏壇の前でうずくまったままだった。兄弟で「防空壕に入って」と呼んでも来ない。すると、台所に爆弾が落ち、水がめが割れた。母のいる場所から5メートルほどの距離だったが、母はそれでも動かなかった。

正午になると、空襲が中断した。すると、隣家のおばさんが物を取りに帰ってきた。人の気配に気付き、こちらの様子を見に来たおばさんは、「うんみー(姉さん)、あんたが死んだら、この子たちはどうするの?」と母の腕を引っ張り、避難小屋に連れて行ってくれた。兄弟も後ろから付いていった。「地獄に仏」とはこのことだと思った。

父と兄を亡くす

4月1日、米軍が読谷村に上陸すると、空襲は収まった。12日ごろ、辺土名に米軍が侵攻し、住民は奥山に逃げ込んだ。家族は、辺土名から8キロほど山に入った場所に、4世帯合同の避難小屋を建てた。

当時、北部地域には中南部からの避難民が大勢押し寄せていた。避難生活では、食糧確保が問題だった。主食はサツマイモで、夜暗くなったころ、里に下りて芋掘りをした。辺土名には米軍が駐屯していた。

ある日の夜、いつものように食糧調達に出掛けたところ、突然「ポン」と音がして、青白い光が花火のように上がり強烈な光を放った。照明弾だった。突然、射撃が始まった。60代ぐらいの男性と子どもが犠牲になった。

それ以来、芋掘りは子どもにとって何とも言えない恐怖の中での作業となった。

沖縄戦も終局の7月上旬、米軍の北部掃討戦があった。広場の宇良グマーリに行くと、大勢の米兵が広場を埋め尽くして驚いた。通りかかったおばあさんの後ろをついて行って、米兵の群れを通り過ぎることができた。ほっとした瞬間、後ろで銃声が聞こえた。民間人の捕虜の男性2人が米兵に射殺された。

数日後、避難小屋から出され、米兵の誘導でトラックに乗り喜如嘉へ連れて行かれた。田嘉里に3カ月ほどいて、その後辺土名に戻った。

父親と兄2人を戦争で亡くした。住民が巻き込まれる悲惨な戦争は絶対にするものではない。

（湧田ちひろ）

12

逃げても戦場「一緒に戦え」

親の顔は覚えていないな。3回ぐらい手紙のやりとりがあったけど、中身も覚えていない。手紙も戦争で全部燃えたと思うよ。

仲村春孝さん
(84歳)

2012年3月25日掲載

もうかると言ってサイパンへ農業しに行った両親と兄弟は帰って来なかった。玉砕したと聞いた。僕は長男で祖父母の下に残った。親の顔は覚えていないな。3回ぐらい手紙のやりとりがあったけど、中身も覚えていない。手紙も戦争で全部燃えたと思うよ。

入学した越来青年学校には兵隊がたくさん来ていた。刀を差して馬に乗っていた。中飛行場（現在の嘉手納基地）を造りに、南風原や東風平からも来ていた。兵隊が訓練といって生徒同士、ほおを殴り合わせることもあった。それも、僕が体格の良い同級生を殴り飛ばしてからは、やらなくなったよ。ばかばかしいのが多かった。竹やり訓練も自分たちで竹を用意しないといけない。山から盗んで怒られた同級生もいた。

今のライカム交差点の近くに火葬場を造るといって、土を掘らされたり、中飛行場を造りに行かされたりした。誘導路も造った。倉敷ダムの近くに壕もたくさん掘った。だけど、米軍が上陸した後は、みんな島尻ややんばるに逃げたから、何の意味もなさなかったな。

飛行場「壊せ」

僕にも召集令状が来たようだけど、軍の徴用で作業をしていたから受け取れなかった。伊江島で飛行場を造れと言われて、安慶田（現沖縄市）の集落から同級生と2人で出発した。1945年の2月12日だった。読谷の喜名番所で山内や胡屋、宇久田、嘉間良（全て沖縄市）の人たちと18人集合した。本部の渡久地港へ歩いて向かった。何も食べていなかったから、途中で泊めてくれた仲泊（恩納村）のムラヤー（公民館）で、区長さんがイモを集めて持ってきてくれて本当に助かった。

伊江島に着いたら「造れ」じゃなくて、「飛行場を壊せ」という命令だった。ばかばかしいよな。僕たちはツルハシで壊して、名護の屋部の人たちがモッコで運んで、飛行場の側に捨てる。滑走路の近くには慰安所があった。朝鮮の女の人たちがいて、兵隊たちが並んでいたのを覚えている。

目の前に戦車

3月23日には解散命令が出た。伊平屋も伊是名も艦砲でやられていた。早く安慶田へ戻ろうと思ったら、日本兵が「お前は一緒に戦うから残れ」と言われた。「これは命令か」と聞いたら、命令ではないという。逃げた。追っかけてくるから、港の波止場まで逃げたら、どこかのおじさんがスギの床板のようなもので、船もどきを作っていて、それに乗せてもらった。おじさんが竹のような棒でこいで、何とか渡久地の浜に着いた。

歩いて宇茂佐まで来た時に、別の日本兵のトラックと出合ってしまい、また渡久地の浜まで戻された。働かせようと思ったんだろう。だけど、船もやられて仕事はない。結局、渡久地で解放されて、また歩いて安慶田に向かった。越来村(現沖縄市)に入って、今の市民会館辺りで、また日本兵に会って軍服を渡され「一緒に戦え」と言われたが、服だけ着て逃げた。

家に着いたら祖父母は驚いていた。ようやく帰ってきたけど、米軍の上陸が始まるという。3歳ぐらいの親戚の子も含め家族8人でまたやんばるに逃げた。大宜味で米軍の戦車が目の前まで来て撃たれると思った。銃を構えられたが、気がふれたふりをして見逃してもらった。

羽地の収容所に入れられた。米兵たちと山中に出掛けて投降を呼び掛けたり、東村で米軍の冷凍船から食料を降ろしたりもした。マラリアにもかかった。安慶田に帰って来たのは46年4月だったな。

戦争は始めるものじゃない。少し損をしても戦わない方がいい。敵と戦うより、味方同士殴り合わされたり、兵隊に食料を取られたり。人を苦しめて意味をなさない。子どもたちに戦争の話をしたことはないが、80歳を過ぎてからは2月、3月のこの時期は大変だったなあと、戦争を思い出し眠れなくなってきている。

(吉田伸)

13

妹とはぐれ 母失った避難行

具志堅貞子さん
（81 歳）

2012 年 4 月 1 日掲載

戦争は、本当にむごいものだ。戦後も長い間、思い出すだけでもつらく、戦争の話はできなかった。

１９４５年３月23日の与那原国民学校高等科の卒業式の日。私は14歳だった。与那原に朝早くから空襲警報が鳴り響いた。非常用のリュックサックを背負い、母のマサと当時11歳だった妹の房子と３人で、与那原の大見武の壕に避難した。父親は大阪にいた。次第に米軍の攻撃が激しくなり、日本軍から移動するようにと言われた。避難していた大勢の人々が南下した。

歩いたこともない道を米軍の攻撃を避けるため、夜間移動した。しかし、南風原町の大名の付近だったか、房子とはぐれてしまった。妹を捜すため、陸軍病院壕まで行ったが、見つからない。後ろ髪を引かれる思いで、行く当てもなく母と南下した。東風平の大通りにあった大きな民家には、日本兵の死体が山のように積まれていた。

妹と再会果たす――

大里村大城（現南城市）にいた日本軍の部隊で、炊事婦が必要と言われ、母が手伝いに入り、私も一緒におにぎりを作った。しかし、そこにも米軍が近づき、部隊は解散。私たちは、一緒に働いていた与那原の女性2人、さらに部隊の炊事兵だった大分県出身の今宮さんの計5人で南下した。一緒に働いていた女性は、軍から「死ぬなら使いなさい」と渡されていた手榴弾《しゅりゅうだん》を1個持っていたが、私が逃げる途中で捨てさせた。

糸満市国吉を経て、真壁の集落に着いたが、隠れる場所もなく、岩陰のような場所にいた。6月15日の朝だった。座っていた母が「あっ」と言って倒れた。飛んできた弾の破片で、大腿部《だいたい》をやられていた。薬はない。母に「何でもないよ」と声を掛け、ただそばにいることしかできない。母は今宮さんに「最後までこの子と一緒にいてください」と頼んだ。その日の夕方、母は息を引き取り、今宮さんと2人で近くに埋葬した。

真壁から次の山の中へと避難した。米軍の砲弾が数多く飛び交い、夜はすぐ近くで米兵の口笛が聞こえたりした。その翌日、壕に手榴弾が投げ込まれた。死を覚悟したが、幸いにも爆発しなかった。すぐに飛び出て、別の壕へと移動した。そこには負傷した沖縄の防衛隊員3人がいた。そこで、今宮さんは「民間人は助かるから、あなたたちだけでも捕虜になったらどうか」と強く勧めた。恥だと思ったが、仕方なく私たち女性3人は手を挙げて壕を出た。6月末だった。そのしばらく後、その壕は米軍の火炎放射器で焼かれた。

炊事兵と逃げる――

宜野湾市野嵩の収容所に入ったが、宜野座村に親類が避難していると聞き、1人で行って捜し当てた。その後、与那原で別れ、先にやんばるへ避難していた年の離れた従姉《いとこ》夫婦が、嘉陽（名護市）にいると聞いて、訪ねて再会した。従姉夫婦とは、一緒に与那原へ戻り、戦後は実の親子のように暮らした。

46年ごろ、人づてに宜野湾市真栄原に妹がいると聞いて、私は軍作業で勤めていた米軍のトラックに便乗させてもらい、捜しに行った。妹は孤児院に収容された後、看護婦をしていた人に引き取られていた。迎えに行き、妹と抱き合って泣いて再会を喜んだ。

戦争は、本当にむごいものだ。戦後も長い間、思い出すだけでもつらく、戦争の話はできなかった。今は、命の尊さを伝えていきたい。

（内間健）

14 山原避難 家族団結し生き残る

大湾トキさん（88歳）

2012年4月8日掲載

山原へ避難することになった。私は子ども2人や両親家族と一緒に山道を歩いた。昼は動くとばれるから、歩くのは夜。終戦後、日本兵が泣く子は殺したといううわさも聞いたけど、うちの子たちは泣かなかった。ひもじくて泣く元気もなかったのかもしれないね。

戦争の色が濃くなってきた1943年から44年にかけて、日本軍が読谷村にも駐留するようになり、大きな家は接収された。楚辺にあった私たちの家も6部屋ある大きな家だったから、軍病院になった。

一番座は軍医の部屋、二番座は診察室として使われ、将校が3人寝泊まりしていた。私と長女の利江子（当時9歳）、長男の清（同1歳）は、台所のような部屋に追いやられた。夫の清之助（同31歳）は防衛隊に召集されていた。

そのころ周囲で聞こえるのはいくさの話ばかりで「日本軍が勝つんだ」と言っていた。一緒に暮らすことになった兵隊は何をしているのか分からず、さびしい、怖いという思いしかなかった。

だけど、その時にいた軍医は「沖縄は戦場になる。アメリカが来たら芋や米は日本軍に取られる。疎開しなさい」と私たちに促した。そのころは「日本が負けることはない」と信じ込まされていたから、そんなことを言う軍医は敵国のスパイじゃないかという、うわさも流れた。

泣かなかった子――

44年に空襲が始まった。読谷飛行場にはアメリカの飛行機が落ち、亡くなった人もいた。私は長男をおぶり、長女の手を引いて、クラガー（壕）に隠れた。その時、清は「空襲警報かかってきたら、入っていましょう防空壕」とリズムにのって歌っていた。当時は近所の小学生が小さい子の面倒を見ていたから、学校で教育されたお兄ちゃんたちが子どもたちに教えたんだろうね。

米軍上陸直前の45年3月24日には山原へ避難することになった。私は子ども2人や両親家族と一緒に山道を歩いた。昼は動くとばれるから、歩くのは夜。終戦後、日本兵が泣く子は殺したといううわさも聞いたけど、うちの子たちは泣かなかった。ひもじくて泣く元気もなかったのかもしれないね。

国頭で夫と再会――

3日かけて国頭の奥間についた。私たちは谷底に隠れていたけど、子どもたちは山道で遊んでいた。そこで、利江子が夫の清之助を見つけた。そのころになると、戦況が悪化して防衛隊もばらばらになっていたらしく本当に偶然だった。「神の引き合わせだね」と家族で喜んだ。

しばらくして、また南下を始めた。若い女性は米軍に乱暴されるのを恐れて、顔にすすを塗って歩いた。途中、山の中で座って休憩していると「ごめんなさい、ごめんなさい」という小さな声が聞こえるから隣に目をやると、私が持っていた袋から、日本兵が芋を取って食べていた。

私たちは5月20日ごろ、石川で米軍に保護された。家族全員が助かった。だけど、周りの情報で、楚辺の人が亡くなった話も聞いてとても悲しかった。48年に楚辺に戻り、ようやく生き延びた喜びを感じた。

家族みんなが助かったのは、家族の心が団結していたからじゃないかな。

私は今も毎日、仏壇に祈っているんだよ。子や孫、親戚が健康であるようにと。そして、うまんちゅみんなが仲良くするようにって。一日が終わると寝る前に「ありがとう」っていう。

今は北朝鮮の動きとか新聞に載るけど、見出しだけ見てあとは読みたくない。思い出してしまうから。

（大城大輔）

15 マラリア猛威 家族4人失う

上原好子さん（77歳）

2012年4月22日掲載

4月初めに避難して5～6日後には弟が発熱し、やがて家族全員がマラリアにかかった。食料は何もなかった。症状は1日か2日に1回やってくるが、治まるとけろっとするので、貝やタニシ、ザリガニを採って食べていた。

ボンタンアメのことが、今でも頭から離れない。（日本軍による強制疎開先の）白水で、私は当時10歳。5歳の弟をおんぶしていたら、日本兵が1個ずつくれた。一口で食べた。だけど弟は握ったまま眠ってしまい、アメを落としても気付かなかったので、私はとっさに拾って食べてしまった。あの1個を弟が食べていたら、ひもじい思いをしてマラリアで死ぬことはなかったと考えてしまう。お盆にはボンタンアメを供えている。

弟に加え、マラリアで母と兄、姉も亡くなった。

私もかかったが、何が幸いしたのか、死ななかった。40度以上の高熱が出て、カタカタ震える。避難小屋にはかぶるものもなかったから、ぼろぼろの畳を病人にかぶせ、その上に人が乗っても震えが止まらない。薬もない。続けざまに人が死んでいった。

米軍攻撃激化

まだ登野城の実家にいた1944年10月12日、海軍のヘーギナー飛行場が空襲を受けるのを木の上で眺めていた。空襲は頻繁になり、戦闘機がツバメの群れのように飛んできて、住民に機銃掃射を浴びせた。集落の墓は逃げ込めるよう入り口が開けてあった。

翌春の夜中、「ドーン」という地の底から響いてくるような音で目が覚めた。白保の陸軍飛行場が艦砲射撃を受けていた音だった。兵隊や消防団員が疎開していない家を回り声を掛けていたころで、うちも避難しよう、となった。

父は防衛隊で召集されていたため、母ときょうだい4人、夜中に白水に向け出発した。家を離れる時は「ここに二度と来ることはない、山で暮らすんだ」と思った。

白水では兵舎周りに、紫やピンクのあでやかな着物の、化粧した女性が何人かいた。母に「あれは天女か」と聞いたら「子どもが見てはいけない」と言われた。慰安婦だった。寂しい顔をしていた。

有病地に疎開

山の中はマラリア有病地。4月初めに避難して5～6日後には弟が発熱し、やがて家族全員がマラリアにかかった。食料は何もなかった。症状は1日か2日に1回やってくるが、治まるとけろっとするので、貝やタニシ、ザリガニを採って食べていた。

8月になって空襲がぷつっと止まったと思ってい

たら、兵隊が「戦争に負けた」と知らせに来た。家に帰れる。もう、泣けてね。だけどその日のうちに、弟が亡くなった。

　父が弟の亡きがらをおんぶして、家族で家に帰った。弟が死んだのに、誰も泣きもしない。おかしな気持ちでトコトコ歩いて…夜中に着いた。

　それから4～5日して兄が亡くなった。夜中におしっこに立ち、外まで行かないうちに倒れた。悪性マラリアだった。姉が亡くなった時はお金がなくて遺体を火葬場で焼けず、海辺の「人焼きガマ」と呼ばれた岩場で焼いた。母は戦後数年ふさぎこみ、マラリアで脾臓《ひぞう》が腫れ亡くなった。

　イモが欲しくて、火葬場でも働いた。遺体を見ても、何とも思わない。人が焼ける臭いもやがてきつくなくなる。心が人間でなくなる。戦争のことは思い出したくないし話したくない。だけど言っておかないといけない。二度と戦争が起こらないように、平和への感謝を伝えることが私の務めかなと思うんです。

（又吉嘉例）

16 2度の戦場 苦しい〝後遺症〟

島袋満英さん（76歳）

2012年4月29日掲載

入り口が空に向かってあいていたガマに米軍が催涙弾を打ち込んできた。「いよいよ無理かもしれない。次はどこに逃げるか」と議論になった。そんな時、祖父は一人で出て行って帰らなかった。

戦前の伊江島は、お金はなかったが平和で静かな島だった。戦争で軍隊が入り、人が減り、土地が荒らされ、おかしくなった。

1944年、学校は飛行場整備の作業員たちの宿舎となった。各家庭の納屋や家に割り当てられて、徴用作業員5～6人を泊めた。男の先生は出兵し、女の先生ばかりになって、ついには海辺での青空教室になった。

お墓は遺骨が外に出され、弾薬倉庫にされた。兄は軍服を支給され、島の義勇隊に召集された。当時はあこがれの存在。軍服を両親に見せ、喜んでいた。

45年3月、空襲も艦砲射撃もいよいよ激しくなり、祖父と両親と私の家族4人は、家の防空壕から移ることになったが、安全そうなガマはどこもいっぱいで、3～4日は他人の墓の中に隠れた。

4月16日に米軍が、伊江島に上陸した。自然壕を2～3カ所回り、4月下旬、北海岸近くのミータアブガマに移った。12～13家族約50人が隠れていた。

1週間ほどたったころ、入り口が空に向かってあいていたガマに米軍が催涙弾を打ち込んできた。「いよいよ無理かもしれない。次はどこに逃げるか」と議論になった。そんな時、祖父は一人で出て行って帰らなかった。「足手まといになる」と感じて、出て行ったのかもしれない。

その後、先に捕虜となっていた叔父から投降の呼び掛けがあり、叔父の言葉を信じ、白旗を掲げて、ガマを出た。ナーラ浜の収容所に入った。

伊江島は、航空基地として占領され、大人たちは飛行場や道路の整備、死体の埋葬にかり出された。

渡嘉敷へ移送

伊江島の戦闘は終わっても終戦は訪れなかった。5月8日、住民全員が島外退去となり、慶良間島や渡嘉敷島へ船で移送された。私たちは渡嘉敷島に渡った。渡嘉敷では、まだ戦争が続いており、再び戦場へ戻った。

空いている民家にすし詰めの収容生活。収容された集落の周りに仕掛けられた手投げ弾や地雷でたくさんの島人が死んだ。日本軍に投降を呼び掛けに行った島民数人が処刑されたこともあった。

慶良間で兄の戦死を知った。当時は余裕もなく、何を感じたかも覚えていない。多くの人が犠牲になり、ようやく終戦を迎えた。

2年遅れの復興――

戦争は終わったが、米軍基地になった伊江島へ帰ることは許されなかった。47年3月に、やっと戻ることができたが、一面焼け野原で、畑も家もないゼロからのスタート。ほかの地域から2年遅れの復興は開墾と遺骨収集から始まった。伊江島は「戦争の後遺症」に本当に苦しんだ。

48年8月6日、不発弾や未使用爆弾の処理船LCTが伊江港で爆発して102人が亡くなり、70人ほどがけがをした。朝鮮戦争が始まってからは、爆弾から真ちゅうを採ろうとして数十人が犠牲になった。海中に残った不発弾の被害も数多く続いた。

戦争で人も代々受け継いだ家や財産、島の文化も含めてすべてが犠牲になった。生き残った人にもしこりが残る。戦争の見え方は体験した世代や一人一人によって変わる。私は当時子どもだった視点でしか語れない。多くの人の話を聞いてほしい。

（浦崎直己）

17

魚雷で船沈み 丸太で海漂う

宮城静美さん（85歳）

2012年5月6日掲載

船は真っ二つに割れた。沈みゆく船の上へ上へと逃げた。船長の部屋の窓が開き、船長が顔を出した。「皆さんは助かってください。さようなら」。

乗船すると、まもなく放送が流れた。「魚雷の攻撃を受けた場合、海上に丸太を浮かべるので、それにしがみついて救助を待ってください」。そんな内容だった。

いくさが迫りつつある雰囲気を感じていた。放送にも違和感はなかった。まさか、自分が被害に遭うとは、夢にも思わなかった。

岡山県の紡績工場を辞め、関西から沖縄へ向かう貨客船「嘉義丸」に乗った。本土での戦況を気にかけていたのだろうか。あの時は沖縄の方が安全だと思っていたのだろうか。とにかく船内には故郷へ戻る沖縄の人たちが多かったような気がする。

（1943年5月26日朝、嘉義丸は米軍潜水艦の魚雷で奄美大島沖に沈没した）

私は機関場の近くで横になっていた。攻撃を受けたことはすぐに分かった。機関場の周囲は頑丈に造られていたので、吹き飛ばされることはなかった。

船は真っ二つに割れた。沈みゆく船の上へ上へと逃げた。船長の部屋の窓が開き、船長が顔を出した。「皆さんは助かってください。さようなら」。「さようなら」の言葉がはっきりと聞こえた。

途端、船は一気に海底へ。私も海中に飲み込まれた。泳ぎが得意だったので、必死で海面へ向かった。海水を飲みながら何とか波の動きに体を預けていると丸太が見えた。

生きるか死ぬか――

たどり着くと、私の体をつかむ人がいた。声を聞くと若い男性のようだった。「私ではなく、丸太をつかんでください」と頼んだ。人間がポンポンと浮き上がってきた。「生き残るか、死ぬか」。無我夢中だった。

時間がたつにつれ、力がなくなってきた。もう駄目だと、手を離した。すると、さっきの若い男性が私を自分と丸太の間にはさみ、しがみついてくれた。

助け船の姿が見えた。周囲はまだ明るかった。助け船に乗ってからは、どうなったのか、どんな船だったのか、何人が助かったのか、まったく記憶にない。みぃぐるぐるーしていたのだろうね。

500人以上が乗っていたけど、3分の1が生き残ったか、どうか。

温かく迎えた父――

那覇では、あちらこちらから服を持ち寄って、多くの人が待ちかまえていた。私は男用の服に着替えた。旅館で子どもたちにからかわれたのを覚えている。

名護市安部で育った。きょうだいは病気で亡くなり、母親が42歳の時に生まれた私は一人っ子だった。中学を卒業し、「もっと勉強したい」と紡績工場で働くことを決意。両親に内緒で家を出た。

母親が昼も夜も泣きながら私を捜していることを伝え聞いた。「心配しないで」と岡山から手紙を送った。父親は会社宛てに「ぼくの子を返せ」と書いた。自分の娘を無理やり連れ去ったと思っていたのだ。

私は手先が器用だったので、仕事が楽しかった。会社から期待もされていると感じていた。でも、肺の病気を疑われ、両親のこともあるし、会社から沖縄に帰るようすすめられた。

2年ぶりの帰郷。命からがら名護に到着した。父親が徒歩で迎えにきていた。無断で家を飛び出したので、叱られると思ったけど、父親は温かかった。

その後の沖縄戦でも空襲で家を焼かれるなど、怖い経験が多かった。それでもこうやって生きている。だから、戦争には絶対に反対する。

（福元大輔）

18

思い出語って「自決」とどまる

「アメリカーは何もしない」と先に投降した人たちから聞かされたが、信じることはできなかった。

知念正喜さん(82歳)

2012年5月13日掲載

美里国民学校高等科1年の1942年から、隊列を組んで字ごとに登校するようになった。大日本青少年団も結成され、昼休みには高等科2年から小学3年生が学年ごと、男女交互に整列し、運動場で隊列行進や拝礼の訓練をした。2年で私は団長になった。

少年飛行兵の試験を2年の時に受けた。親の承諾が必要だったが、黙って印鑑を持ち出し、試験を受けた。だが、身長が足りず落ちた。敵の戦闘機を撃ち落とすんだと、意気盛んな軍国少年だったので、とても悔しかった。

44年に北谷村(現・嘉手納町)の県立農林学校に

入学した。理想に燃えていたが、7月ごろから軍が寄宿舎と校舎の大部分を使うようになり、私たちもわずか3カ月で陣地構築に駆り出された。週2日は授業と農業実習だったが、11月以降は毎日のように勤労奉仕を続けた。

火の粉舞う名護

米軍の上陸決戦に備えるために協力し、敵を倒すと意気込んでいた。農林学校は45年3月23日、鉄血勤皇隊を結成した。親の承諾を得るため、実家に戻っていたが、23日から艦砲射撃が始まり、加わることができなかった。美里にも泡瀬方面から砲弾が飛んでくるようになった。

4月1日、北谷や読谷山村（現・読谷村）に米軍が上陸した。私は、2日の晩に疎開先の羽地村古我知（現・名護市）に向けて家族や親戚と出発していた。名護市街は、火の粉が吹雪のように飛び、燃え盛っていた。その中を突破して、古我知に着いたが、これ以上逃げ場もなく、相談相手もいない。4日の晩、家族や親類30人が小屋に集まり「自決」しようという話になった。

なぜ、「自決」の話が出たかというと同じ避難者から美里で「集団自決（強制集団死）」が2日に起きたことを聞かされたからだった。

義勇隊副隊長として参加していた美里出身の男性が数人の若者に「米軍に負けている。自分の家族は自分で始末しなさい」などと訓示したことがきっかけに起きたという。

私たちも、あるだけの米を食べて、おなかいっぱいになってから死のうということになった。しかし、ご飯を食べながら、おばさんたちが、製糖期や田植えなど、美里での楽しい思い出を語り始めたので、死ぬのを思いとどまることになった。隣の小屋にいた親子は、日本刀で家族を殺してから、互いに斬り合う相談までしていた。生きることを選択して本当によかった。

恥と思った捕虜――

7月初旬、羽地村田井等に収容所ができた。「アメリカーは何もしない」と先に投降した人たちから聞かされたが、信じることはできなかった。7月中旬、米兵が私たちの目の前に来た。小禄村の人たちが避難していた壕の中に入り、出てくると怒り狂ったように何かを切り裂いていた。

いよいよ私たちも撃ち殺されると思ったが、ハワイ帰りのおじさんが、米兵に英語で話し掛け、兵隊ではないというジェスチャーをしたら、理解してもらい、解放してもらった。米兵たちが切り裂いていたのは、天皇など皇族の写真だった。彼らにとっては憎い相手だったのだろう。

私たちは8月15日に山を下り、収容所に入った。

今考えれば、おかしな話だが、捕虜になるときは、とても恥ずかしいという思いだった。しかし、先に捕虜となった人たちはきれいな着物を着け、缶詰やお菓子など、いい物を食べていた。戦争を体験した私たちが、平和の大切さをきちんと後世に伝えていかなければならない。

（平良吉弥）

19

弟の最期 まぶたに焼き付く

赤嶺キヨさん
(92歳)

2012年5月20日掲載

1944年の10・10空襲で那覇が焼け野原になり、どんどん戦争が激しくなった。南風原村から山原への疎開が多くなり、私も親戚から疎開を勧められたが、南部に残ることにした。日本が負けるなんて夢にも思わなかった。結果的に7歳と5歳の子どもの手を引き、激戦のさなかを逃げ回った。

45年の3月から艦砲射撃が激しくなり、5月ごろには玉城村糸数の自然壕に避難した。米軍が近くまで来ているという話を聞いたので、今度は糸満に向かった。

真壁村真栄平まで来て、石を積み重ねた壕に隠れていた時、弾が壕の近くに落ちて、崩れた。子ども

弾の破片が当たって左腕をケガしてしまった。肉がもぎ取られて皮がユルユルーになり、ウジもわいたが、不思議と痛みは感じなかったように思う。そんな余裕もなかった。

たちだけは絶対に守ろうと思って、両手でしっかりと抱いた。

私は弾の破片が当たって左腕をケガしてしまった。肉がもぎ取られて皮がユルユルーになり、ウジもわいたが、不思議と痛みは感じなかったように思う。そんな余裕もなかった。必死で子ども二人を両腕で抱いて壕から出したんだよ。首や頭など当たり所が悪かった人は破片が小さくても亡くなったし、運が良かった。

「ご飯食べたい」——

衰弱していた二つ下の弟は、死ぬ間際までひもじい思いをしていて「ご飯が食べたい」と訴えていた。米軍の飛行機が飛ぶ日中は煙が出るため炊飯はできなかったが、弟は夜まで持ちそうになかった。うちわで煙をあおいで米を炊いたが、「天皇陛下万歳」と叫んで亡くなった。数日後、父も破片に当たって即死した。

足をケガした叔父は「自分は歩けないから早く行きなさい」と言った。その後カミソリを取って自決しようとしたができなかった。「私たちのことを守ってよー、叔父さん」と言って別れた。自分の命だって、どうなるか分からない。親族を捨てても、追い詰められ、涙一つも出なくなった。

真栄平を出て、壕に隠れていたところを米軍に見つかったが、私たちを捕虜にしなかった。第一線だからだったと思う。

米兵の手逃れる——

その後佐敷村伊原まで避難して、そこで「沖縄玉砕」を聞かされた。義母が私たち親子を迎えに来てくれたので、伊原から玉城村の下田ヤードゥイに移った。

そこで食べた豆腐のおつゆは神様から与えられた

もの、と思うぐらいおいしかった。でも、ひもじい思いをしたまま死んでいった弟のことも忘れられなかった。ご飯を食べるたびに思い出して涙することもあったよ。戦争が終わってから、遺骨は全部拾いに行った。

佐敷から玉城に移動する時、米兵が私の手をつかんで、家族がいる場所から離れて、どこかに連れて行かれそうになった。「許してください」と訴えたが、言葉が通じない。相手も何もしゃべらなかった。その時に憲兵が来て、あっちに行きなさいと、手で合図をしてくれて、私を米兵から引き離してくれた。

後から若い女の人が、米兵に森や山の中に引っ張られて暴行をされている事件が起きているのを知って、本当に怖い思いをした。

あれだけ激しく弾が飛んで、大変な思いで逃げたのに、最後まで日本が勝つと信じて疑わなかった。軍国教育の植え付けは恐ろしいと思う。教育は良い面と悪い面、両方あるよ。戦争体験者も少なくなった。学校でちゃんと沖縄戦の哀れさを教えてほしいと思う。

（又吉俊充）

20

サイパン 目の前で家族失う

比嘉武次さん（77歳）

2012年5月27日掲載

戦闘終結は7月7日。だけど、前日の晩に母と2歳の妹、当日の朝に父と8歳の弟を失った。僕の目の前でだ。

僕が生まれ育ったサイパンで、戦闘が始まったのは10歳の時。米軍が上陸する前、小学校の校舎はサイパンに向かう途中で米軍に撃沈され、負傷した日本兵でいっぱいだった。けれど、軍国主義教育はサイパンでも徹底されており、僕は「日本は絶対に勝つ」と信じ込んでいたんだ。

1944年6月11日、グラマン戦闘機が低空で東から西へ横切ったので、家の近くの壕に逃げ込んだ。隣組で整備した壕は高台にあって、外を見ると海面は軍艦で真っ黒。最初は「日本軍が助けに来た」と喜んだけれど、しばらくしたら眼下のガラパン町が火の海になった。焼夷《しょうい》弾が近くに落とされると、母が「逃げよう」と騒ぎ出した。これが、今考えれば僕ら家族の運の尽きだった。

「心が空っぽ」に――

家族は両親と僕ら5人きょうだい。別の2家族と一緒に山中を北へ進んだ。途中、南に向かう避難民とすれ違う。「向こうは危ない」「あっちは友軍が助けてくれる」など、誰一人正しい情報を持たないまま、山中を逃げ回った。

戦闘終結は7月7日。だけど、前日の晩に母と2歳の妹、当日の朝に父と8歳の弟を失った。僕の目の前でだ。

6日夜、日本軍の燃料の燃えかすが残っていた場所で、僕らはお米を炊いて食べた。食事を済ませ「どうしようか」と話し合っている時に、艦砲を撃ち込まれたんだ。

爆発した瞬間、僕はそばのサトウキビ畑に逃げ込んだ。攻撃が収まり、食事した場所に戻ったら、母は艦砲の破片が当たったのか、虫の息だった。おなかから大量の血が出ていてね。妹は、外傷はなかったけれど意識がなかった。

そんな状況でも、逃げないといけない。父は妹を抱きかかえたが、母を置き去りにした。その時、母が父に「子どもを頼みます」と言ったのをかすかに覚えている。妹は途中、父の腕の中で死んだよ。

岩陰で一晩過ごしたが、翌朝はものすごい艦砲射撃。父と弟は、ひと言もなかった。一瞬の出来事で、体はぐちゃぐちゃ。即死でしたよ。

でも、悲しいとかそういう感情は湧いてこない。母を置き去りにした時も。何かもう恐怖心だけですかね。それに支配されていて、悲しいとかという感情が一切湧いてこない。心が空っぽ、という言い方が一番合っていると思う。

その後、岩陰でじっとしていたら米兵が来て、生き残った人間は全員捕虜になった。

今も納得いかぬ――――

46年3月、僕ら3人きょうだいは、親戚家族と一緒に両親の故郷・沖縄へ戻った。コザ高校を卒業後、嘉手納基地で働き始めた。僕の家族を殺した米軍で、働くことに葛藤がなかったわけではない。

でもね、サイパンの戦いを振り返ると「なぜ、あそこまで逃げなきゃいけなかったのか」という思いに行きつくんだ。最初の壕を動かなければ、僕の家族も含めてあれだけの犠牲者を出すことはなかったのではないかと…。

なぜ壕を出たのかと言えば「生きて捕虜になるな」という日本の教育だ。じっとしていれば、あんなに犠牲者は出さなかったはずなんだよ。

僕は高校時代、奄美大島の日本復帰に刺激された。基地従業員から県労協に移った後でも、復帰運動を熱心に取り組んだ方だ。でも「米軍支配よりましだろう」という思いでしかない。

本土復帰を果たした時だって、両手を広げて喜びを表すような、特別な感情は湧いてこなかった。心のどこかに「ヤナ、ヤマトゥー」という気持ち、今でもあるよ。

(磯野直)

21

軍に協力もスパイに疑われ

伊智萬里子さん(89歳)

2012年6月3日掲載

「慰安婦か、それでなければスパイか」。今まで必死の思いで軍に協力してきたのに悔しくて仕方がなかった。

「女まで戦争に参加させるなんて、もう負けるかも」

22歳の時、軍へ召集された。米軍が沖縄本島に上陸した1945年4月から数カ月前だったと記憶している。「犬死にだけはするなよ」と父が乳酸飲料を1本くれた。

部隊がほぼ全滅

看護班として包帯の巻き方などを学んだ。敵を食い止められなかったら自爆せよと命令され、手投げ弾を3発持たされた。2発は攻撃用、もう1発は自決用だった。

男性たちは首里の防衛拠点となっていた浦添グスクへ駆り出された。皆の力になりたくて「戦争に参加させてくれ」と頼んだこともあったが、認められず、浦添市小湾の自宅近くの壕に隠れた。

浦添グスクは激戦地となり、数週間にわたって米軍との激しい攻防が繰り返された。約150人いた隊員のうち、生き残って戻ってきたのは40人程度。全滅と言ってもよかった。

そのうち、9人が大けがをしていた。首里大名町に陸軍病院があったので、米軍に見つからないよう夜になるのを待って運んだ。同じ看護班の女性3人で男性を運ぶのは大変だった。途中まで背負っていっては降ろし、また別の人を背負って歩くことを繰り返した。

病院へ着くと軍医から「重症患者しか受け付けない。軽傷患者は連れて帰れ」と言われた。しかし、既に小隊は全滅し、戻る場所はない。結局、1人しか病院へ入れず、残りの人は近くの軒下に寝かせた。

現在の沖縄都ホテル（那覇市松川）がある場所近くで、姉の夫と会った。「私の陣地に避難しておいで」と言われ、馬肉と田イモをもらった。数日間、何も食べていなかったのでうれしかった。

しかし、上官たちから「なぜ女が陣地にいるんだ」と詰問された。「慰安婦か、それでなければスパイか」。今まで必死の思いで軍に協力してきたのに悔しくて仕方がなかった。

「上官を殺して自爆しようかね」と方言で話し、持っていた手投げ弾を手に取った。本土の人だと思っていたら、大尉の1人がウチナーンチュで、方言を理解したのか「もう一度、住所を言いなさい」と聞いてきた。

詳しく話すと、その人は父を知っていて、私を引き取ってくれた。そこからは彼と一緒に行軍し、糸満市の喜屋武まで逃げた。途中、真玉橋付近で川を渡った。泳げない人は自爆するしかなかった。

死の恐怖心まひ——

米軍に見つからないよう夜中にはうように進んだ。毎日「あぁ、きょうも生きられた」と思っていたが、不思議と死ぬのは怖くなかった。感覚がまひしていた。

慰霊の日の6月23日だったと思う。喜屋武岬の海から「殺しはせぬ、出てこい」とアナウンスが聞こえた。殺される覚悟で壕を出た。青い目をした外国人を初めて見た。何カ月も太陽の光に当たっていなかったので、外がまぶしかった。日焼けして皮膚がボロボロになった。

一緒にいた大尉は「皆の無事を祈り、後から出て行くから」と言っていたが、結局自決したようだった。

捕虜になり、トラックで石川の収容所へ連れて行かれた。お年寄りは軍用犬のエサにされ、若い女性は慰安所に連れて行かれると思っていた。顔を見せると何をされるか分からないと思い、必死で隠した。

収容所で日本が戦争に負けたと知った。召集令状を受けた小湾の人は12人いたが、生き残ったのは3人だけ。戦争のせいで青春はなかった。

（下里潤）

22

破壊直前 ガマ替え命拾い

平良誠保さん（86歳）

2012年6月10日掲載

17歳のころ、伊江島の飛行場建設に徴用された。米軍の空襲を受け、飛行場は補修の繰り返し。とても使い物にならなかった。日当も微々たるもので、土産にあめ玉を買うと何も残らなかった。

1926年、大阪の吹田町（現吹田市）で生まれた。ビール工場で働いていた父が50歳で定年になったので、故郷の今帰仁村与那嶺に家族で引き揚げてきた。父は製糖工場で働いていたが、過労がたたり54歳で他界した。

私は兼次青年学校に入ったが、小柄で色白だったせいか、いじめのような扱いを受け、今でいう不登校になった。そんな私を気にかけてくれたのが、二つ年上の仲里達也さん。学校が終わると、遊びに誘い出してくれた。約1年間、海や山を駆け巡り、おかげで足腰が鍛えられ、精神的にもたくましくなったと思う。

徴用で伊江島へ

青年学校を卒業し、17歳のころ、伊江島の飛行場建設に徴用された。10日ぐらい働いて自宅に戻り、また1週間して呼び出される。計7回行った。米軍の空襲を受け、飛行場は補修の繰り返し。とても使い物にならなかった。日当も微々たるもので、土産にあめ玉を買うと何も残らなかった。

10・10空襲の時は実家に戻っていた。ちょうど小学1年の弟の学芸会の日。早朝に飛行機の姿が見え、みんなは日本軍の演習だと思ったようだが、米軍機だった。

海岸に弟を捜しに行ったら、機銃掃射を受けた。死ぬ思いでサトウキビ畑に逃げ込んだ。それ以後、伊江島の徴用はやんだ。戦況が相当厳しくなっていたから。

翌年の4、5月だろうか。雨がよく降っていたので梅雨に入っていたかもしれない。空襲が激しくなり、鍾乳洞「プトゥキントーガマ」に隠れた。鍾乳石の形が仏様に似ていたので、その名がついたのだと思う。天井が高く広々していて、80人ぐらいで隠れた。

外からは森のように見え、入り口も見つかりにくい場所だったが、警防団長の運天次郎さんが「米軍が上陸してくる。ここは道のそばだから危ない」と促し、かつてマンガンを採掘していた壕（通称・マンガン壕）に避難した。2、3日後、ガマを見に行ったら壊滅していた。残っていたら、全員死んでいただろう。

米軍が近づいているとの情報が入ったが、集団で身を隠せる場所はなく、その後の行動は自己判断に。私たち家族は辻山《びーやま》に移動した。

食糧確保命懸け——

しばらくして、集落に戻るように言われ、山から下りた。誰に指示されたかは覚えていない。米軍から集まるよう命令があって、手荷物だけ持ってトラックに乗せられた。「日本軍が沖縄を取り返しに来るから」と言う人もいたが、本部の海に日本の船が何十隻も沈められている光景に、口を開く人はいなくなった。海に放り出され、殺されると覚悟したが、たどり着いたのは大浦崎（現名護市）の収容所だった。

収容所は十分な食糧がなく、衛生状態も悪かった。栄養失調や赤痢などで、幼い子どもや老人が数多く亡くなった。私は家族を養うため、夜になると集落の友人とグループを組んで収容所を抜け出し、今帰仁に食糧を取りに行った。

食糧確保のための脱走は9カ月のうちに13回。昼は隠れて夜歩く。集落の家々や畑から食糧を探して持ち帰り、分けあった。しかし、途中で米兵や敗残兵に遭遇し、何度も食糧を奪われた。米兵に捕まる恐怖もあったが、家族は飢え死にする。命懸けだった。

戦後は米軍の統治下で、瀬長亀次郎さんの演説を聞き、仕事を休んで土地の強制接収の抗議現場に足を運んだりもした。復帰から40年。平和憲法の下に返ったはずなのに、沖縄では基地の機能強化が進む。復帰して良かったのだろうか。そう思うことがある。

（長浜真吾）

23 激戦下の南部 家族5人失う

渡口佳代子さん
（79歳）

2012年6月17日掲載

百名に孤児院ができたと聞きつけた母は、わたしを連れて毎日そこに通った。もしかしたら、妹たちが生きているかもしれないと。だが、見つけられなかった。

わたしは真和志村（当時）識名に住んでいた。

1944年の10・10空襲に驚いた集落の人たちは、集落内のガマを人が住めるようにきれいに整備した。

45年4月、米軍による空襲や艦砲射撃から逃れようと、昼はガマに隠れて過ごし、夜は家に帰ってご飯を食べるという二重生活。攻撃が激しくなると、日本軍がガマを「軍の病院として使用する」として、そこにいたわたしたち住民を追い出した。

仕方なく個人の墓や自分たちで作った小さな壕に隠れたが、米軍の攻撃は激しさを増すばかり。戦火で家は破壊され、5月下旬、次女親子2人を含む一家10人で南部に逃げざるを得なくなった。祖母は高齢だったため識名に残り、親戚と墓に隠れたが、そこで亡くなった。

父の死に涙出ず――

津嘉山から糸数へと避難するけどどこも攻撃が激しく、昼は隠れて夜に移動するという生活。同じ区域をぐるぐる逃げ回った。

木には人間の胴体の一部が垂れ下がり、道には死体が転がっていた。死んだ母親のおっぱいをする赤ちゃんもいたが、何とも思わなかった。どうせ死ぬなら家族の中でわたしを先に死なせて、といつも祈っていた。

6月半ば、真壁まで来たわたしたちは、2、3世帯15人ぐらいで、ある屋敷の家畜小屋に隠れていた。急にそばにいた父が眠るようにうな垂れ、そのまま亡くなった。何が起きたのか分からなかったが、家族から「爆風にやられた」と聞かされた。

9人きょうだいで五女のわたしは、父親っ子。家の一番座で寝るときも一緒。そんな大好きな父の死にもかかわらず、涙は全く出なかった。

長女は、父が亡くなって家族を守るのは自分しかいないと考えたのだろう。日本軍のご飯を作りながら、家族が壕に入れるよう軍と交渉した。

許可をもらった長女は、四女や双子の妹たち、知人ら8人と壕へ向かった。わたしは付いて行かず、母や末っ子の妹、次女親子の計5人で壕の近くの墓に隠れた。

長女は壕から出て水をくみに行く途中で流れ弾に当たり、双子の妹は日本軍と同じ壕にいたため、戦闘に巻き込まれて亡くなった。四女は壕を出たところを米軍に捕まり、墓にいたわたしたちも捕虜になった。

妹探し孤児院へ──

わたしたちは知念に連行された。そこに掘っ立て小屋を建てて住んだ。四女とはそこで再会できた。次女親子を除いて9人いた家族は5人が戦死、生き残ったのはわずか4人だった。

ある日、百名に孤児院ができたと聞きつけた母は、わたしを連れて毎日そこに通った。もしかしたら、妹たちが生きているかもしれないと。だが、見つけられなかった。

母は父だけでなく、子どもたちを失ったことのショックで半病人になった。自分だけが生き残ってしまったと、生きるのがつらそうだった。

戦後間もなくして父と長女の骨は拾ったが、妹たちは探しきれなかった。25年ほど前にようやく妹たちがいた壕を訪れた。遺骨の一部を拾い、摩文仁の国立墓苑に納めた。長女は家族思いのリーダーで、双子はとてもしっかりした利発な子だった。摩文仁に行くと、妹たちがそこにいるようで自然と涙がこみ上げる。

若いときは子育てなど日々の生活に追われて振り返る余裕はなかったが、年を取って自分の時間が持てるようになると、戦争がなかったら、家族が生きていたら、と思わずにはいられない。

（石底辰野）

最後は、皆どこへ逃げたらよいかも分からんよ。たくさんの人があっちこっちで右往左往していた。意識があるかも分からんし、気が狂った人も居た。

24 撃たれた母残し 逃げまどう

徳元孝助さん（94歳）

2012年5月27日掲載

日中戦争開戦の翌年１９３８年に20歳を迎え、徴兵検査で「合格」した。39年４月に第六師団熊本連隊へ入隊し、中支戦線に参戦することになった。その時は（出身地の現糸満市）米須から現役で戦地へ行くのが３人だけで、名誉だと思っていた。

入隊前に地元の人の戦死を聞き、戦争に行けば死ぬものと覚悟していた。兵隊に行けない人は「一人前じゃない」と言われたし、当時はそんな人がかわいそうだったさ。国のためなら死んでもよいという考え。本当にばかばかしい。自分の命であって、国の命じゃないもんな。

上海から上陸し、武寧へ行った。配属されたのは独立架橋中隊で、兵を前線に送るため船で渡したり、橋を架けたり沼地に道を造ったりするのが任務。敗残兵の掃討作戦も一緒で、進軍中に集落があれば、隠れた敵兵を探すために各家庭を回った。

捕まえて捕虜にしたり、殺したり。僕は残酷な様子を見ているだけだったが、今考えれば正常心じゃない。何でもない人が「相手を殺さんと自分が殺される」と殺し合う。本当に残酷で、惨めなやり方。みんな教育で教え込まれていた。ただ敵は殺さないといかんという気持ちだけ。本当にむごいもんだった。

壕を追い出され——

戦地から無事帰還し、沖縄に戻ったのが41年。その後は農業技手として摩文仁村役場（当時）に採用された。43年ごろ再び軍に召集されたが、農家と付き合いがあり野菜などの副食を軍に供出していたため「兵として働くよりも、軍の食糧を集めさせた方がよい」と言われ、4、5日ほどで元の職に戻った。

10・10空襲で米須の家が全て焼け、壕や墓での生活が続いた。妻と子ども3人は長崎へ疎開したので、両親やきょうだい、祖父母が一緒。骸骨がごろごろしていても怖くない。空が見えなければ安心して眠れた。

最初は（現在の）米須小学校東側の大きな洞穴、それから束辺名《つかへな》や真壁などの壕や墓を数え切れないほど回った。ひめゆり壕（伊原第三外科壕）では米須の住民が数十人居たが、6月初めごろ友軍が来て「軍が使うから一般民は出ろ」と追い出された。もんぺ姿の女学生も居た。

ただ、姉の家族は夫が防衛隊に行き、オバー（夫の母）と幼い子ども3人が一緒だったので、通信隊長に頼み込んで残してもらった。僕らは、そこから西へ70～80メートルほど行った所、たこつぼのような自然壕に入った。

忘れられん光景――

昼は壕を出られず息を潜め、イモ掘りや水くみは暗くなってから。出会った人とのあいさつは「誰々はまだ元気か?」。毎日のように誰かの死を聞いた。不潔な壕生活で、着物の縫い目いっぱいに湧いたシラミをつぶすのが日課。壕から海を見れば、米軍の軍艦が何重もの列を成していた。台風で全部沈んでしまえばいいのに――とも思った。

6月19日未明、帰ってきた夫と共に姉が「摩文仁へ逃げよう」と僕らを呼びに来た時、壕の上で銃の音がした。驚いた夫は飛び出し母と子が居る壕へ走ったが、10メートルほど先で撃たれた。明るくなったら敵が小銃を撃ちながら上を何度も通り過ぎるので、もう駄目だと思ったよ。

暗くなって外へ出ると、ひめゆり壕が燃えていた。子が居るからと火の中に飛び込もうとする姉を「仕方ないじゃないか」と捕まえて引っ張ったら、姉は子どもの名を呼び続けていた。

摩文仁へ逃げる途中では、母が撃たれた。呼んでも返事がなく全然動かない。死んだと思って泣きすがる妹の手を引きそのまま逃げた。8月に捕虜になって、母が生きていたと知り再会した。撃たれた後、3日ほどそこにおったみたい。考えられんよな。親を捨てて行くんだから。

最後は、皆どこへ逃げたらよいかも分からんよ。たくさんの人があっちこっちで右往左往していた。意識があるかも分からんし、気が狂った人も居た。あの状況は何と表現すればいいのかね。(人でごった返した) マラソンとかを見ていると、あの光景を今でも思い出すわけさ。

(新垣玲央)

25

サイパンの惨状 今も震える

我喜屋澄子さん
(75歳)

2012年7月1日掲載

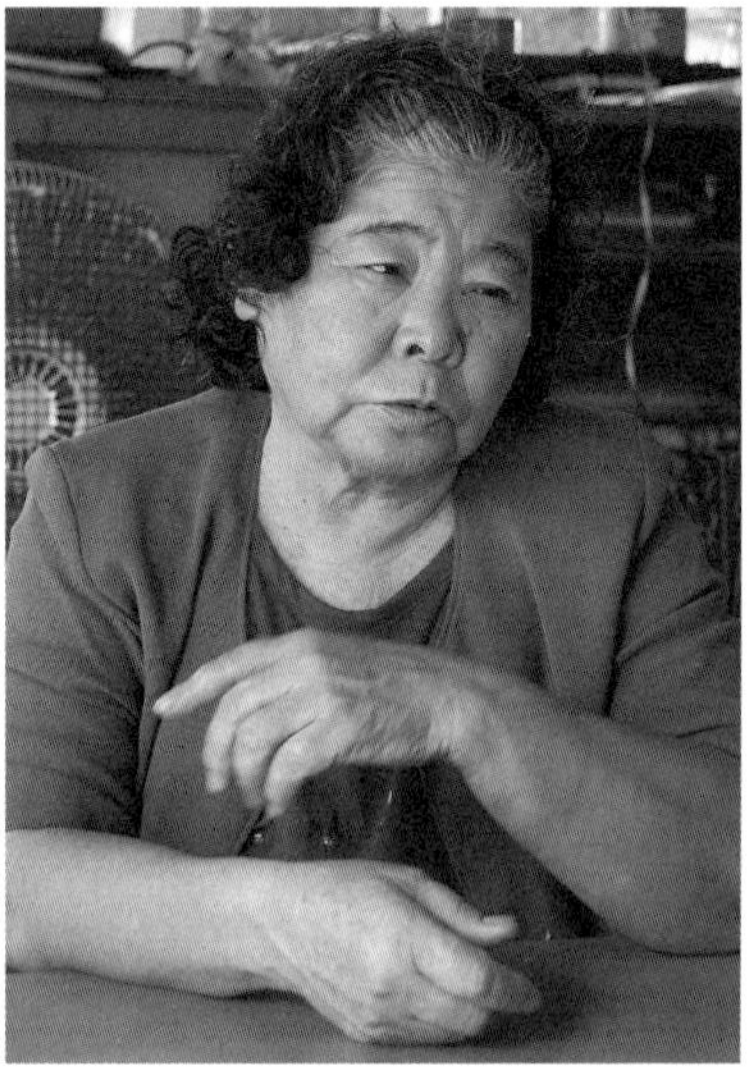

住民が身を投げていく姿を見た私は、つかまれていた父の手を振り払い、逃げ出した。その間に弟を背負った母が飛び込んだが、運よく覆い茂っていた草のつるに引っかかって助かった。

私は日本統治下のサイパンで生まれた。サイパンは沖縄からの移民が多く、年中サトウキビが栽培できる豊かな土地。サトウキビを運ぶ列車も通っていた。ピーナツ、メロン、スイカ…。自給用の畑には作物がいっぱいで、食べ物には困らなかった。

島には日本兵もいたが、アメリカと戦争になる前は優しかった。甘いコンペイトーをもらったこともある。だが、戦が始まると一変した。

友軍に気を付けろ——

島東部のチャッチャ国民学校２年生だった１９４４年６月。「もうすぐ戦争が始まる」と聞いた私たち家族は、両親と姉、弟の5人で食料や水筒が入ったリュックサックを持って山中の壕に逃げた。1週間もしないうちに、米軍の艦砲射撃が始まった。山がはげるくらい激しく砲弾が降り注いだ。

母方の祖母と合流し、当てもなく島の北部を目指した。海にはびっしりと埋め尽くされた米軍の艦船。今でも沖合に船が泊まっているのを見ると、思い出して身が震える。

山中には死にそうな日本兵がいっぱい。まだ動ける兵隊は山を下りていった。母は東北出身の兵隊から手紙を託されたが、逃げる途中で無くしてしまった。戦後、平和になって悔やんでいた。

別の場所で出会った重傷の兵隊は「お母さん、助けて」とつぶやいていたが、朝には動かなくなった。死んだ兵隊がみな最期に口にしたのは「天皇陛下」ではなく、「お母さん」だった。今でもそのときの声が耳に残っている。

住民から「友軍に気を付けろ」と言われた。何のことか分からなかったが、その後遭遇した日本軍は荷物をひっくり返して食料を奪った。弟が泣きやまないため「黙らせろ」と母に銃口を向けたが、母は「殺すなら自分も殺して」と弟を抱きかかえて守った。

親戚のおじさんがどこからか毒薬を手に入れた。祖母が頼んで分けてもらい、父が無理やり私の口に入れようとするけど、「死にたくない」と絶対に飲まなかった。人数分を超えて分け合ったため、姉や弟は気絶したが、致死量には足りなかった。

バンザイクリフ――――

気付けば島の最北端まで来た。後に「バンザイクリフ」と呼ばれる所だ。

近くでは親が日本刀で子どもを殺していた。知っている家族だった。父は日本刀を借りようとしたが、順番待ちで並んでいたため、がけから飛び降りることにした。

住民が身を投げていく姿を見た私は、つかまれていた父の手を振り払い、逃げ出した。その間に弟を背負った母が飛び込んだが、運よく覆い茂っていた草のつるに引っかかって助かった。

その時、米兵が「もう死なないで、助けるから」と日本語で呼び掛け、取り囲んだ。母は米兵に引き上げられた。あのとき私は父から逃げていなかったら、飛び込んで死んでいたかもしれない。

大きな広場に集められ、隣で穴を掘るのを見た母は「生き埋めにされる」と言ったが、遺体を埋葬するためと知って安心した。翌日、大きなトラックに乗せられて収容所に連行された。汚れた住民を優しく抱き上げて車両に乗せた米兵の対応に感動した。収容所では、最初はパンに毒が入っているかと思って口にしなかったが、米兵は自分で食べて見せた。それで食べたらとてもおいしかった。だが、逃げ回っているときに栄養失調になって弱っていた弟と祖母はそこで亡くなった。

いろんなつらい思いをさせられたので日本軍に恨みはあるが、米軍には助けられたとの思いがある。

（石底辰野）

26 宮崎に疎開 その日を生きる

川満キヨさん（87歳）

2012年7月8日掲載

お乳が出ずにいつも子どもと２人で泣いていた。当時、枕がいつも涙でぬれていたので、それから今に至るまで枕は使わない。

１９２５年２月、宮古島市平良狩俣で生まれた。31年に小学校に入学したが、その後は満州事変（31年）、日中戦争（37年）と、日本が他国と戦争をしていった時期。父親が台湾で働いていた関係で、小学校２、３年生から一時台湾に行っていたが、中学校の試験を受けるため、小学６年の時、宮古島に戻ってきた。

次第に戦争の雰囲気を感じたのは、中学を出て青年学校に通っていた16〜18歳くらいの時。敵に見立てたわら人形を棒に立てて、みんなで竹やりで「えい」と突く練習などをしていた。

また各学区から一般の人も学生も男女も関係な

く、飛行場整備のため作業員として強制的に人々が駆り出された。つるはしやもっこを担ぎ、草を抜いたり大きな石を取り除いたり、地ならしをして大変な作業だった。次第に日本兵も宮古島に多く滞在するようになっていった。

短い結婚生活

20歳の時に結婚した。主人は台湾の通信学校を出て、宮古島に帰ってきたが入隊が既に決まっていた。結婚生活は2カ月と3日。自分の場合は「好いたほれた」で結婚したというより「兵隊にとられてかわいそう」という気持ちから。兵隊は99％戦死すると考えていたので「死んでしまう」という同情が先に立っていた。

主人は通信員だったので、軍艦に乗り、甲板の上でさまざまな交信などを行った。長崎や神奈川、山口、広島など、あちらこちらに配属されたようだが、こちらが手紙を出しても真っ黒な墨で文面が所々消された手紙が本人不在で戻ってきた。「いつか帰ってほしい」と思っていたが、台湾沖で戦死したのを知ったのは、終戦後になってからだった。

結婚生活は短かったが、長男を身ごもった。「戦争中、こんなところでおなかが大きくなっては大変だ」と周囲から疎開を強く勧められ、44年8月に宮崎県へ疎開し、3年ほどお世話になった。

対馬丸の船団

宮崎に行くため、沖縄から船団が九州に向けて出発したが、着くまでに船団のうちの1隻が魚雷で攻撃されて沈んだ。それが学童疎開船「対馬丸」だった。鹿児島の港に着いた際､同乗していた軍人が「船が沈んだことは誰にも言うな。もし他人に話したら首を切る」と言って持っていたサーベルを抜き、目の前で振った。驚いて腰が抜け、その場に座り込んでしまった。

　同年11月には宮崎で子どもが生まれ母親になった。だが「どんな子に育てたい。将来はこうなってほしい」という希望よりも、とにかく食べ物をもらい、その日一日を生きることに精いっぱい。お乳が出ずにいつも子どもと2人で泣いていた。当時、枕がいつも涙でぬれていたので、それから今に至るまで枕は使わない。

　終戦後、宮古島に帰ってきたら見渡す限り完全に焼け野原になっていた。戦後も主人がいない中、子どもを育て生きていくのは本当に大変だった。

　日本は人の国を奪うために物資も無いのに戦争を続け、特攻隊などで人間を弾代わりにした。何のために人生をめちゃくちゃにして、人間を犠牲にするのか。本当にばかばかしくて考えるだけでいやになる。とにかく二度と戦争は起こさないでほしい。

　戦争を知らない世代が次第に増え、日本が再び侵略戦争をしないか心配になる。教育現場でも子どもたちにもっと戦争の怖さを教えてほしい。

（与儀武秀）

27

突然の空襲 卒業式は中止に

當眞嗣長さん
(81歳)

2012年7月15日掲載

恩納岳には第二護郷隊が拠点を置いていて、米軍は激しく攻撃した。嘉手納飛行場などから残った日本兵が合流し応戦していたが、日本軍が10発撃つと、100発以上撃ち返される状況だった。

沖縄戦当時、私は恩納村の恩納国民学校高等科2年で14歳だった。学校は日本軍の兵舎になっていて、授業はなく、毎日奉仕作業が続いた。恩納岳から松の木を切り出し、その皮をはぎ取る作業などをしていた。

1945年3月23日は、午前中は作業をして、午後に卒業式を行う予定だった。郵便局前に午前7時に集合すると、空襲警報が鳴り、間もなく空襲が始まった。われわれは解散して家に帰り、卒業式は中止。16機ぐらいの米軍機が低空飛行で爆撃した。

家には妊娠中の母や弟と妹の４人がいた。父親は防衛隊に召集され、いなかった。かやぶきの家は爆風で傾き、天井からすすが落ちてきた。その日の夜は家に泊まったが、米軍の艦砲射撃の音が遠雷のようにずっと聞こえていた。

山中への避難

恩納岳には第二護郷隊が拠点を置いていて、米軍は激しく攻撃した。嘉手納飛行場などから残った日本兵が合流し応戦していたが、日本軍が10発撃つと、１００発以上撃ち返される状況だった。

私たち家族は山中の避難壕に隠れていた。恩納村には中南部から北部に向かう避難民がたくさんいた。

４月に入ると米軍が恩納まで来て、テントを張って野営した。夜も電気を付けて、ブルドーザーで畑を敷きならして、１週間であっという間に８００メートルの滑走路を造った。

４月13日ごろ米軍による掃討戦が始まった。恩納岳を四方八方から攻めた。

私たちは安全な場所を求めて、さらに山奥へ避難し、避難小屋を建てた。ある日、小屋にいると誰かが「アメリカが来た」と叫んだので、家族は飛び出して山へ逃げた。暗くなったころに戻ると、小屋の中の芋がなくなっていた。敗残兵の仕業だった。６月１日ごろには、ついにすべての拠点が米軍に占領された。恩納岳での戦闘が終わった。埋葬されない遺体があちこちにあり、負け戦は惨めだと思った。

収容所の生活

６月初旬、石川の収容所にいたおじさんが避難小屋に来て「収容所は安全だから」と私たち家族を呼びに来た。おなかが大きい母を心配してのことだった。説得された母と一緒に、荷物を持ち石川の収容所まで歩いていった。

収容所では家族を養うため、昼は芋掘り作業をした。そのうち母にお産の兆候が出て、7月23日に妹が生まれた。戦争に勝つように「勝子」と名付けた。

一方、3歳の弟は発熱し下痢が続いた。ある日、芋掘り作業に行くため集合すると、知人から「弟が亡くなったよ」と知らされた。本当に残念だった。

8月15日、米軍は夜通し空に向けて弾を撃っていた。後で日本が負けたと知った。その後しばらくして、父親が糸満市の摩文仁の海岸で亡くなっていたことを知った。父親の遺骨の代わりに、海岸にあった石を墓に納めた。

73年3月、当時の同級生と校長先生が集まり「幻の卒業式」を行った。亡くなった人の証書は娘が受け取ったり、仏前へ供えにいった。証書には当時の日付を入れた。それでやっと、私たちの戦後が終わったという気がした。

二度とあんな悲惨な戦争はやってはいけない。語り継ぐためにも若い人たちに戦争について分かってもらいたい。

（湧田ちひろ）

28 家族案じた父 再会かなわず

玉那覇祐正さん
(79歳)

2012年7月22日掲載

僕らにとっては戦後が地獄。収容所でも満足な食糧がなく、いつも栄養失調だった。

現在は普天間飛行場の中に消えた宜野湾村字宜野湾で1933年、6人きょうだいの長男として生まれた。両親は農家だったけど、字宜野湾には役場や国民学校など公共施設が集まっていた。市場や料理店、米屋など商売人も来てにぎわっていたよ。

並松街道に大きな馬場があって毎年、大綱引きをやるんだ。15歳にならないと綱を引かせてもらえないのに、僕は8歳でやらせてくれた。「僕も兄さんになったなあ」と感慨深かったけれど、その時期は若い人たちが軍に召集され、足りなかったんだ。翌年から、戦争で綱引きは途絶えてしまった。

44年、字宜野湾にも兵隊がたくさん来た。空から見えないという理由で、並松街道に戦車が置かれた。子ども心にも「戦争が始まる」と理解できたよ。父は独立重砲兵第百大隊に召集され、大里村（現南城市）に行ってしまった。

最後に見た家――

地下には大きな鍾乳洞がたくさんあり、雨水はそこを通って大山の畑に注ぎ込まれる。当時、隠れる鍾乳洞は班ごとに決まっており、母と僕ら6人きょうだいも割り当てられた場所に身を隠した。

米軍が沖縄本島に上陸する直前、ものすごい爆発音が鍾乳洞の中に響いた。夕方、水をくみに地上へ出ると、自宅向かいの瓦ぶきの家に爆弾が落とされ、木っ端みじんになっていた。僕の家は、壁が爆風で全部飛ばされていたよ。それが、自分が最後に見た家の姿だった。

米軍上陸直後の4月4日か5日だと思う。午前10時ごろ、鍾乳洞の入り口に米兵が手りゅう弾を投げ込んだ。中には僕ら家族を入れて50人ぐらい避難していたが、ともしていたブタの油かすが爆風で消え、大パニックになった。

僕らは鍾乳洞の奥へ逃げた。役場の裏側に出られる出口を目指したんだ。入り口と出口は直線距離で約300メートルぐらい。しかし、鍾乳洞が複雑に入り組んでいるため、地上に出るまでに一晩かかった。

大きな鍾乳洞だから、流れる水の横を普通に歩ける。でも、もし梅雨に入っていたら大きな川となり、のまれる。後で考えたらぞっとするよ。

夜明け前に地上へ出ると、50人は家族ごとに分かれた。僕らは大山に行った後、父が駐屯する大里村に向かおうとした。途中、真志喜で会った人が「こんなに子どもがたくさんいたら、大変なことになる。ひとまず隠れなさい」と言うので、森の川の上でご飯を炊いた。みそを混ぜて食べたら、本当においしかったんだ。あの味は忘れられないよ。

森の川から嘉数高台が一望できた。ほふく前進する兵士など、嘉数の戦闘の様子がよく見えたんだ。島尻方面に行くのは無理かなと考えていたら、米軍が来て家族7人全員捕虜になった。父は6月、糸満の真壁で戦死した。僕らがすでに捕虜になっていることを知らず、最後まで家族の身を案じていたという。

基地内の故郷

僕らにとっては戦後が地獄。収容所でも満足な食糧がなく、いつも栄養失調だった。食べ盛りの子6人を抱えた母は本当に苦労したと思う。

宇宜野湾は普天間飛行場に接収されたけど、終戦直後は自由に入ることができて、自分の家の跡を確認したり、鉄くずや薪を拾ったりすることもできた。でも、朝鮮戦争を境に入れなくなった。

41年を最後に途絶えていた宜野湾区の大綱引きが29日、沖国大グラウンドで戦後2度目の復活をする。僕の夢だけどね、元気なうちに普天間が返還されて、元の宇宜野湾でやりたいよ。いつになるのか、孫の代になってしまうのか、分からないけれど。

（磯野直）

29

ひもじさ抱え 40日以上遭難

石垣正子さん（78歳）

2012年7月29日掲載

島には40日以上いた。みんな栄養失調になり、何人も餓死した。祖母は四六時中、食用の草を探していたね。

「第一千早丸」は小さな疎開船で、船倉には100人近い人がひしめいていた。石垣島を出港してから、横になって寝た記憶がないくらい。目的地の台湾には既に母や兄弟が疎開していたので、再会を楽しみにしていました。

1945年7月3日、真昼だったね。当時10歳の私が祖母と甲板で涼んでいたら、急に米軍機の爆音がしたの。祖母に背中を押され、急いで船倉に飛び降りた。続いて降りてきた祖母は柳ごうりを開けて私を入れ、親鳥がひなを守るように覆いかぶさってきたんです。

ヒュッ、ヒュッ、という機銃掃射の音が聞こえる。

数十分続いた感じだったけど、実際は数分だろうね。音がやんで、起きて周りを見たら、撃たれて即死した人、手をやられ指輪が骨に食い込んだ人…怖くて見ておれなかった。

銃撃後、私は異常に水が飲みたくなってね。祖母が機関長と親しかったから、水を求めて機関室に行くと、機関長は銃撃で即死していた。祖母は気が抜けたように「水はないよ」とだけ言ったね。

魚釣島に上陸

銃撃で、一緒に台湾へ向かっていた第五千早丸は沈没して、私たちの船も機関をやられて漂流し始めた。でも、兵隊や乗組員がエンジンを修理してね。みんな「水が飲みたい」と言うから、わき水がある魚釣島に向かった。明治時代にかつお節工場の人が造った船着き場から上陸したけど、その時は一休みしたら出発するとしか思ってないさ。

岩壁に囲まれた魚釣島には山が一つあって、砂浜は少しだけ。波が荒くて、昼夜なくゴウゴウと聞こえてくる。船は1週間たっても出発しないまま、いつの間にか消えていた。助けを求めに島を出ようとしたら故障したので、海上に捨てたようです。

日本兵は住民から食料を集め、1日2回、ドラム缶で雑炊を作って配った。あく抜きしない草を入れた真っ黒なおつゆでね。米粒が多い、少ないで言い争って、騒々しかった。食用の草が少なくて、クバのしんばかり食べていた。

餓死した人も

島には40日以上いた。みんな栄養失調になり、何人も餓死した。祖母は四六時中、食用の草を探していたね。私を死なせたら息子夫婦に合わせる顔がないと思ったんだろうね。私はひもじくて気力もなく、朝から晩まで寝ていた。

8月12日、遭難者の有志と日本兵が「決死隊」として、流木で造ったサバニで石垣島へ向かった。彼らは180キロの距離をこいで、14日に石垣島の底地湾に着いた。救助船が来たのは18日です。

石垣に帰っても、私は台湾に行けなかったことで、しくしく泣いた。出迎えた親戚から「日本は戦争に負けた」と聞いたが、どうでもよかった。親戚のお姉さんは「正子、猿みたい」と小声で話していた。体は骨と皮、色は真っ黒で、目だけきょろきょろしていたからね。草ばかり食べていたせいか、念願の米はなぜか苦くておいしくなかった。

遭難は祖母の愛情を感じていたので、いやな思い出じゃない。ただ、沖縄戦で本島は地上戦、八重山はマラリアで苦しみ、みんな死ぬか生きるかの思いをした。ひもじさは人間をおかしくするが、ひもじさを我慢してでも戦争をしない知恵を身に付けてほしい。

（又吉嘉例）

30 捕虜ら「地獄船」でハワイへ

渡口彦信さん（85歳）

2012年8月5日掲載

20～30日たって、真珠湾に到着した。戦争の口火を切った真珠湾への攻撃から4年後に、まさか自分が捕虜として真珠湾に立っているとは、夢にも思わなかったなあ。

県立農林学校の卒業を控えた1945年2月、徴兵検査を受けて合格した。そのころは戦況の悪化で、徴兵年齢が引き下げられていた。高射砲隊に配属されたが、観測機器が被弾して対空射撃もできない。南部方面へ後退を続け、部隊は6月20日に解散した。その数日後、摩文仁の岩陰に隠れているところを米兵に見つかり、捕虜になった。

軍人や防衛隊員は、金武村（当時）屋嘉の収容所に連れて行かれた。金網で囲まれた収容所は、数千人はいると思われる捕虜でごった返していた。

100人詰め込む――

1週間くらい後、トラックで北谷村（当時）の海岸まで連れて行かれた。そのまま上陸用舟艇に乗せられ、沖合の大型輸送船の所に向かった。「海で殺されるのか」と観念していると、上から縄ばしごが下りてくる。甲板まで3～4階くらいの高さがあっただろうか、衰弱している体の力を振り絞って必死に上った。

捕虜たちは素っ裸にされて放水され、そのまま狭苦しい船倉に押し込まれた。床はコンクリートで冷たく、周りは鉄製の壁で窓一つない。片隅に1メートル四方くらいの昇降口があるだけ。そこに100人くらい詰め込まれた。そうした場所がいくつかあったから、船全体では500人から1000人くらいの捕虜がいたと思う。

船倉は暑くてむせかえるようだった。用便は、二つのバケツにすることになっていたが、大勢いるからすぐに満ぱいになる。それを当番の捕虜がロープでつり上げて海に捨てる。食事の入った容器も、同じ昇降口からロープで下りてくる。食器もないから、みんな直接手で受けて食べていた劣悪な環境だったが、何日かするうちにあまり気にならなくなったのだから、不思議なものだ。ほかにもいくつか移送船があったが、ここまでひどい扱いではなかったようだ。

シャワーは日に一度、決められた時間に甲板で浴びられた。数少ない楽しみだったのに、サイパンを過ぎた辺りで捕虜の1人が船から海に飛び込んだのがきっかけで、3、4日に一度に減らされた。それまではシャワーの回数で今日が何日目なのかある程度数えられたが、次第に日の感覚もなくなっていった。船倉は裸電球の光しかないから、昼夜の区別もつかなかった。

捕虜の絶望が高まり、まさに「地獄船」のようになりかけたころ、日系の米兵が下りて来た。「君たちをハワイに連れて行く。戦争が終われば沖縄に帰れるから安心して」と。それで初めて目的地が分かった。

埋葬場所どこ――――

20～30日たって、真珠湾に到着した。戦争の口火を切った真珠湾への攻撃から4年後に、まさか自分が捕虜として真珠湾に立っているとは、夢にも思わなかったなあ。

乗船のときに脱がされた捕虜の服が洗濯されていて、誰のものともなく着た。それまでずっと裸。久しぶりに人間らしい格好をして、うれしかった。

現地ではホノウリウリ収容所を経て、砂島（サンドアイランド）に移された。そこには二つの大きな収容所があり、沖縄の人ばかりそれぞれ1200人ほどの捕虜がいた。軍服の洗濯や草刈り、有刺鉄線張りなどの作業をさせられるのだが、捕虜として最低限の権利は保障されていた。就労時間は1日8時間で、時給10セント。沖縄に送還されるまでの1年半で200ドル余りになったよ。

ハワイでは、病気や事故で十数人が亡くなった。遺骨を遺族に返そうとずっと現地とやりとりしているが、なかなか埋葬された場所が確認できない。それが無念。国や県の責任でしっかり事実究明をしてほしい。

（鈴木実）

31 壕に砲弾直撃「閣下」姿消す

渡名喜文子さん（90歳）

2012年8月12日掲載

私たちは、どうやって壕から逃げようかと考えた。自決をしようとした日本兵に『『閣下』が飛行機で迎えに来る。兵隊さんを担ぐ担架を取りに行ってきます」と話して、無事に壕を出られた。

1943年に東京で看護婦の免許を取り、44年に沖縄へ帰ってきた。友人に軍で国のために働いたらと勧められ、45年3月ごろ、23歳で東風平国民学校（現八重瀬町）に本部があった第24師団野戦病院に希望して入った。富盛（同）にあった第一野戦病院壕の外科に配属されたが、負傷兵は日増しに増えた。戦火が激しくなり、これ以上この場所にいるのは危ないと、重体の人を残し移動することになった。兵隊から「自分で行動するか、ついてくるか」と聞かれたが、私は「大勢で動いて目立つより安全かもしれない」と1人で行くことにした。

乾パンと救急用品を持って歩き出すと、女の子2人がついてきた。浦添市出身のいとこ同士のトミちゃんとスミちゃんで、野戦病院壕で働いていた姉を探しに来たが、会えないという。ともに17歳と言っていた。2人には私から離れないように言い、道も分からなかったが、足の向くままに逃げた。

摩文仁の壕へ

さまよって数日後、伝令らしい日本兵に「看護婦か」と呼び止められた。「丈夫な壕があり、病人がいる」と摩文仁の壕に案内された。見張りの日本兵からは「部隊名も聞くな、ものも言うな」と厳しく言われた。入ったら下士官のような兵隊や将校が7、8人いて、その中に白い服を着た「閣下」がいた。兵隊たちは、裏返したそうめん箱で事務を執ったりしていた。私たちのほかに首里出身の医者の妻という母と17歳の娘がいた。

2日ぐらい後、突然、壕内でごう音とともに砲弾の直撃を受けた。事務をしていた兵は即死、私の隣に座っていたスミちゃんも亡くなった。壕の奥へ行くように指示されて行くと、「閣下」の部屋があった。

そこには1人の日本兵が、首から下に多くの弾を受けて、身動きできない状態になっていた。「閣下、私の頸《けい》動脈を切ってください。苦しい」と頼んだが、「閣下」は「今、楽になるよ」と返事していた。その兵は、今度は私に切るように頼んだが、私はどうすることもできず、その兵はそのまま息絶えた。

しばらくすると「閣下」は、柳ごうりに国旗や軍旗を入れ火を付けた。「閣下」は私を呼ぶと、握手をし「今から日本の大本営に行き、沖縄の状況を報告してくる。本土から飛行機で迎えに来る。君たちは兵隊の面倒を見てくれ」と頼んで、その部屋を出て行った。

この時、「閣下」はきちんと軍服を着て、軍刀も差していたので、「この人も兵隊だ」と分かった。私は敵機が上空を舞っているのに飛行機で行けるわけはないと思ったが。「閣下」を見たのはこの時が最後だった。

自決を逃れる――

壕には負傷した兵が残されていた。その1人が「手りゅう弾を投げる」と、私たちを道連れに自決を言い出した。トミちゃんは「イヤだ」と逃げ回ったが、私は「死んだら靖国神社に行くんだよ」となだめた。横になって覚悟したが、するとその日本兵は「早く飯を炊け」と怒鳴りだした。頭がおかしくなったと思ったが、おかげで助かった。

私たちは、どうやって壕から逃げようかと考えた。自決をしようとした日本兵に「『閣下』が飛行機で迎えに来る。兵隊さんを担ぐ担架を取りに行ってきます」と話して、無事に壕を出られた。

壕にいた「閣下」が、日本軍の司令官の牛島満中将らしいと知ったのは、戦後のことだった。

戦争は人殺しだ。どうして、人が人を殺すのか。地獄絵のようだった。二度起こしてはいけない。政治家の責任は重い。

（内間健）

32

母艦爆撃 特攻の思い募る

中村英雄さん（82歳）

2012年8月19日掲載

基礎的な訓練を受け、大阪に配置された。戦況の悪化でそのころには飛行機も燃料もなかった。

本部町瀬底島の南側の漁場に到着、網を張り、トビウオ漁を始めた。午前5時に出港したから、その時は午前7時ごろだろうか。長さ7メートルのサバニ上で目を移すと、読谷村の残波岬から煙が立ち上っていた。演習ではない。米軍の空襲が始まったと、すぐに分かるほどの煙だった。

のちに言う1944年10月10日の「10・10空襲」。沖縄本島中南部への爆撃を終えた米軍機は機首をこちらへ向け、瀬底島と本部港の間に停泊していた日本海軍の潜水母艦「迅鯨《じんげい》」に爆弾を投下した。

サバニで救助

全長125メートルの巨艦。「いいものを見つけた」とでも思ったのだろう。ものすごい勢いで爆撃を繰り返す光景を海上から見ていた。迅鯨の油が一気に広がった。

周囲は真っ黒に染まり、どろどろになった。迅鯨の甲板にいた日本兵は海に飛び込んだ。油で真っ黒になったカモメを見たことがあるでしょ。あんな感じで真っ黒になった人たちがうごめいていた。

何とか助けてやろうという気持ちだった。サバニには3～4人を乗せるのが精いっぱい。現場と瀬底島の岸までの約200メートルを手こぎで何度も往復、30人ぐらいを救った。

迅鯨が沈没した海域は水深14メートルと浅く、完全には沈没せず、上甲板が海面から出ていた。なかなか沈まないと思ったのか、米軍機はしつこく爆撃し、炎が噴き上げた。機銃掃射が降り注ぐ中を、小さなサバニで救助を続けた。怖さはなかった。

「日本海軍のくせに泳ぎもできないのか。頼りない」。そんな気持ちだった。

当時14歳。本部国民学校をその年の3月に卒業した後、父親の印鑑を勝手に使い、海軍飛行予科練習生（予科練）に志願した。採用通知を待つ間、父親のトビウオ漁を手伝っていた。

無残な迅鯨を見て、「飛行機に乗って、敵を討ちたい」という気持ちが強くなった。

採用通知届く

1945年3月、念願だった採用通知が届いた。那覇港から長崎県の佐世保へ。米潜水艦の魚雷攻撃が激しさを増していたが、「特攻隊の卵だから確実に運べ」という指示があったらしく、無事にたどり着いた。

基礎的な訓練を受け、大阪に配置された。戦況の悪化でそのころには飛行機も燃料もなかった。山の中でビワを探して時間をつぶす日々。血気盛んに沖縄を出たのに、日本は追い込まれていた。

迅鯨とその周囲の海は5日間、燃え続けた。乗員135人が死亡。船内にいた機関兵の多くが逃げ遅れ、犠牲になったようだ。

20年前、私の自宅のシーサーを珍しそうに見ている観光客がいた。声を掛けると、偶然にも迅鯨の生存者の一人だった。話が広がり、2000年に鎮魂碑を建立。2010年まで慰霊祭を開いた。

慰霊祭は途絶えたが、私は鎮魂碑の周辺を毎日清掃している。67年前、戦場におもむくことはないまま、生きて沖縄に戻った。結婚し、子どもができた。二度と戦争をやってはいけない―。清掃しながら、その気持ちを確かめている。

(福元大輔)

33 幼い弟妹死亡 父は捕虜に

具志堅誓謹《せいきん》さん(79歳)

2012年8月26日掲載

1歳に満たない妹も亡くなったが、当時は悲しいと思わなかった。自分たちが生きることで精いっぱい。それぐらい追い詰められていたのかもしれない。

1932年、名護の城区に生まれた。私の下に弟3人、妹2人。父は専売公社の職員だったから、徴兵されずに済んだようだ。私は沖縄戦当時、東江国民学校(現東江小学校)の6年生だった。あと3、4年早く生まれていたら、徴兵されていただろうし、生きていたかどうか。

低学年のころ、日本軍がシンガポールを陥落させ、城区の大通りでちょうちん行列に参加した。意味は分からなかったが、大人たちが「万歳、万歳」と喜んでいたのを覚えている。

戦勝気分もつかの間、高学年になると、学校の敷地内に防空壕を掘ったり、わら人形を竹やりで突く練習。「鬼畜米英撃ちてし止《や》まん」と教えられ、米兵が落下傘で降りてきたら、竹やりで戦うんだと。今思えば勝てるわけがない。教育のおそろしさだ。

44年10月10日の午前7時ごろ。登校中、海辺に人だかりが見えた。行ってみると、那覇の方に黒い煙が上がっている。日本軍の演習だと思った。最初は「すごいなあ」と見ていたが、1時間ぐらいして空襲警報のサイレンが響き、敵襲と知った。「10・10空襲」だったんだね。家族であわてて避難小屋に逃げ込んだ。

沈んだ駆逐艦――

海には日本軍の駆逐艦が沈み、多くの兵隊が助け出されていた。3日ほどして、那覇からたくさんの人が避難してきた。着の身着のままという感じ。次は名護が狙われると話になり、東海岸の汀間区に避難した。

汀間では知人の家の高倉の下で生活したが、2歳だった弟が栄養失調になった。田んぼからアタビチャー（カエル）を捕り、煎じた汁を飲ませた。1カ月ほどして名護に戻ったが、やがて弟は亡くなった。

戦争中、1歳に満たない妹も亡くなったが、当時は悲しいと思わなかった。自分たちが生きることで精いっぱい。それぐらい追い詰められていたのかもしれない。

名護に戻っても、勉強どころではなかった。すでに学校には軍隊が入り、食べ物も統制されていた。それまではウミンチュの親戚が魚を分けてくれたこともあったが、もうできなくなっていた。3月ごろには空襲が激しくなって、名護岳隣の城山に避難した。

食糧求め下山

夜を待って、食糧を取るため山を下りた。４月、名護岳のふもとで、城区のあたりが燃えているのを見た。大変なことになったと思った。その後も食糧を求め下山したが、闇夜を歩いていたら、足に何か引っかかった。ひものようなもの。米軍陣地の近くだったから、手りゅう弾につながっていると思い、ひやりとした。

ある日、山に食糧を持ち帰ったら、父が米軍の捕虜になったという。大人の男は殺されると聞いていたので、心配でいてもたってもいられなかった。避難小屋から移動する時に米兵に遭遇したらしい。ここは危ないとなり、親戚と隣の山（ワンドゥー）に逃げた。

６月ごろ、戦争が終わったようだという話が広がり、みんなで羽地側に山を下りた。山田の集落で生活したが、やがて父が近くの川上の収容所で生きていると知った。父は県立三中（現名護高校、当時名護市大南）で、米兵向けの厨房《ちゅうぼう》で、雑用係として働いていた。父はトラックで収容所に帰る時、私が伊差川あたりで合図すると、食糧の入った箱を投げ落とした。缶詰やパンとか、食べたことのないものばかり。近所に分けたりして、とても助かった。

戦後67年たったが、今でも世界中で戦争や紛争が絶えない。それを見るたびに沖縄戦を思い出す。戦争は勝っても負けても意味がない。もし、日本が勝っていたら、戦い続けなければならなかったかもしれない。新たな苦しみが生まれただろう。

（長浜真吾）

34

決死の長崎渡航　原爆も目撃

新垣栄喜さん（85歳）

2012年9月2日掲載

8月9日の朝、「ブーン、ブーン」という特徴のあるB29が上空を飛ぶ音を聞いた。すると、大村湾の対岸の長崎市でキノコ雲が上がり、街が真っ赤に染まった。

中城村伊集で生まれた私は、1944年1月、徴用で長崎県佐世保の軍需工場で働くことになった。

当時は、奄美群島の周辺で米軍の潜水艦が待ち伏せをしていて、日本の船がたくさん沈没させられていたので出航できず、那覇で20日ほど待たされた。その間は若狭町から小禄飛行場まで歩いて行き、作業を手伝った。滑走路を拡張するために、石を並べる作業をした。当時は日本は絶対に負けるはずがないと信じていた。

2月になってやっと、那覇港を出航したが、日中は米軍の潜水艦の攻撃を受けやすいということで与論島や奄美大島の港に停泊し、夜になって移動した。

奄美大島の港の浅瀬には、船体の中心に穴が空いた船を見かけた。地域の人に聞くと魚雷を受けて沈没した船で、たくさんの人が犠牲になったということだった。

人ごととは思えず、船内では浮袋を着用し、夜も枕代わりにして、肌身離さず持っていた。しかし、夜は不安で生きた心地がせず、ほとんど眠れなかった。1週間ほどかかって鹿児島港に到着したときは、ほっとしたことを覚えている。

対岸にキノコ雲――

佐世保では、海軍の軍需工場の造機部に所属した。そこでは旋盤や船の部品を製造する作業をしていて、1週間交代で夜勤もあった。日曜日にも出勤することがあった。

45年3月下旬、慶良間諸島に米軍が上陸したということを聞かされた。いよいよ両親や姉のいる沖縄が戦場になると思い、落ち着かなかった。軍や新聞は戦争は勝っていると言っていたが、サイパン陥落などが伝えられると、仲間内では日本は負けるのではないかという会話が頻繁に交わされた。憲兵隊に見つかるとまずいので内緒話だった。6月になると沖縄が「玉砕」したということを知り、両親や親戚もみな亡くなったと思い、悲しい気持ちになった。

そのころには、佐世保も空襲に遭い、工場も焼けて仕事がなくなった。そのため、雲仙の小浜という場所で、塩工場の建設作業をするようになった。弾丸を造る際に塩が材料として必要だという話だった。

8月9日の朝、「ブーン、ブーン」という特徴のあるB29が上空を飛ぶ音を聞いた。すると、大村湾の対岸の長崎市でキノコ雲が上がり、街が真っ赤に染まった。大変なことになったと思ったが、それが原爆だとはまったく知らなかった。それからしばらくして終戦を迎え、工場も解散となった。当時の指導者たちが早めに降伏していれば、原爆も落とされず、犠牲者も増えることはなかっただろう。

長姉死去の手紙——

終戦後は、次兄を頼って北九州市門司に行った。その後は、大阪にいた次姉が夫婦で宮崎に疎開していたので、訪ねていき、そこで生活するようになった。最初は空襲で被害を受けた建物のがれきを集める作業をしていたが、その作業中にドラム缶を見つけたので、塩を作って売るようになった。がれきを処理する作業よりもいいお金になり、それで生活していた。

宮崎には、沖縄から疎開してきた人が大勢いたが、次々と引き揚げていった。ある日、父親から手紙が届いた。引き揚げ者から、自分や次姉が生きているということを知らされたようだ。その手紙で両親の生存を知った。しかし、長姉が米軍の攻撃を頭に受け、亡くなったことも知らされた。両親が生きているので、48年9月、私は沖縄に戻ることを決めた。

沖縄に戻ると故郷は米軍が飛行場として使用し、家のあった場所には燃料タンクが建設されていた。長姉の遺骨を収めていた墓も跡形もなく、いまも遺骨は見つかっていない。

30年ほど前に母は99歳で亡くなったが、その1年前ほどから夜になると「アメリカーが出てこい、出てこいする」と叫ぶようになった。「ヒンギレー（逃げろ）」と枕を風呂敷に包んで集落内を歩き回ることもあった。戦争で娘を亡くしたのでとてもつらかっただろう。二度と戦争は起きてほしくない。

（平良吉弥）

35

入隊式で空襲 兄とそれきり

金城善徳さん
(78歳)

2012年9月2日掲載

八つ年上の兄善吉が「アメリカに制空権を取られた。日本は負ける。そうなったら戦場から逃げて帰ってくる」と言い出した。母親は「そんなことを言ったら家族全員打ち首だ」と激しく怒った。

玉城の仲村渠に生まれた。左利きだったが6歳になったころ、食事の時間になると父親に右手で箸を持つよう厳しく指導された。理由は、銃の引き金を引く時は右手を使うから。将来兵隊になるための準備がもう始まっていた。

玉城国民学校では4年生から体育の時間に竹やり訓練が行われた。上半身裸になり、先生の号令で一斉に突く。「落下傘で下りてきた米兵を殺すんだ」と教わった。それでも戦争の実感は湧かなくて、面白半分、真剣半分にやっていた。

10・10空襲の時は自宅の外から飛行機が見えた。演習かと思ってガジュマルに上って「万歳」と叫んでいたら、サイレンが鳴り出したのであわてて防空壕に入った。翌日、同級生が拾った薬きょうを学校に持ってきて、奥武島の漁港に停泊していた山原船2隻が攻撃されたのを知った。

「逃げるな」後悔

10・10空襲後、八つ年上の兄善吉が「アメリカに制空権を取られた。日本は負ける。そうなったら戦場から逃げて帰ってくる」と言い出した。母親は「そんなことを言ったら家族全員打ち首だ」と激しく怒った。劣勢でも「神風が吹く」と教わっていた私は、学校で一番のディキヤー（優秀）だった兄が、なぜそんなことを言い出すのか不思議に思った。

20歳で徴兵された兄は1945年3月1日、入隊式に参加するため糸満の賀数に向かった。見送りのため私と両親も付き添った。その式典の最中に米軍の空襲が始まり、集まった兵士や将校も散り散りになった。兄と一緒にいられたのはそれきりだった。

戦後、浦添で兄が戦死したことを知った。心は悲しかったが涙は出なかった。疲れ果てて、感情表現ができなくなった。戦後兄の遺骨を探したが見つからず、母は「『逃げて帰るな』なんて言わなければよかった」とずっと後悔していた。

用足すのも緊張

3月23日に空襲、翌24日から艦砲射撃が始まった。私は両親や姉など親族とともに垣花の自然壕に避難した。避難民が多くなってくると父と兄が家の墓のそばに掘っていた壕に移った。2カ月半の間、横になって眠れず岩の壁にもたれて座ったまま寝ていた。

壕のそばにイモ畑があったので食料はなんとか確

保できたが、用を足す時は30メートル程度離れた岩陰まで走らなければならず、昼間は弾が飛んでこないかヒヤヒヤしながら用を足した。父は首里方面に何度も弾薬運びをやらされ、帰るたびに祖母は「無事にわが子は帰ったか」と安堵《あんど》していた。前線だけでなく後方も命懸けだった。

壕のそばにあった大きな岩に上ると、米兵に先導された多くの民間人が百名の捕虜収容所に入っていく様子が見えた。一緒に隠れていた親戚のおじさんは元憲兵で英語が話せたので、「私たちも投降しよう。米兵に銃撃しないよう説明するから」と言い出した。おかげで、徴兵された兄以外は誰も命を落とさずにすんだ。

沖縄は食糧も安全な場所も何でも軍事優先となり、民間人が犠牲になる戦争地獄と化した。最近のオスプレイ配備計画でも米国の軍事政策が先行し、日本政府も物が言えず残念だ。対等な主張ができる政治家が出てきてほしい。

(又吉俊充)

36 爆弾背負い戦車待ち伏せ

嶺井巌さん（86歳）

2012年9月9日掲載

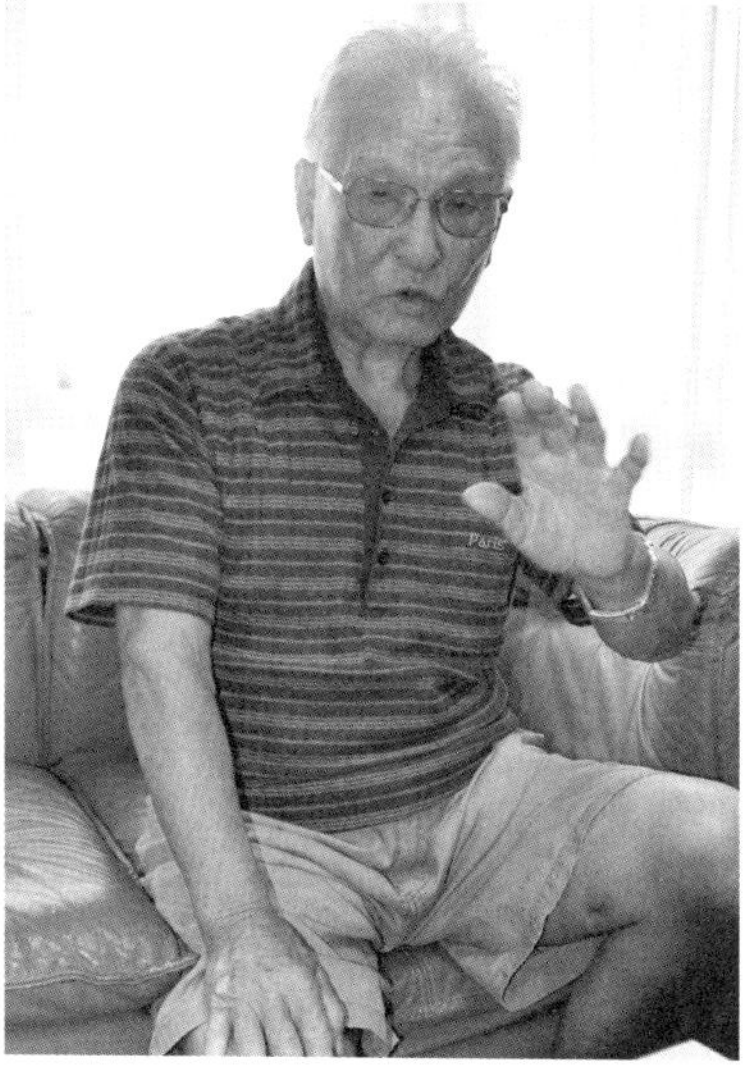

私たちは対戦車用の急造爆雷というのを背負わされた。敵の戦車が来たら、自ら飛び込んでいって爆破する役割だった。

沖縄戦が迫る1944年12月。私は18歳で教師を目指し首里の師範学校に通っていた。そのころになると戦況が悪化して、卒業までは免除されるはずだった師範学校の生徒も関係なく徴用された。

私も徴兵検査に合格し、45年3月1日午前3時に召集令状が届き、その日の午前8時には大里村の第二国民学校に集合させられた。

私は球7072部隊というところに入隊させられた。何をするところかは分からなかったが、1カ月間「たたき殺されながら」訓練を受けた。

上官はこう言っていた。「貴様たちは沖縄の出身だ。沖縄を守るために現地で入隊させている。死んでもこの土地を守らなければならない」。まるで沖縄を守るのは日本軍じゃなくて、初年兵だというような話しぶり。

いざという時は、われわれ沖縄の初年兵が前に出される――。そんな軍隊だった。

「命」顧みず――――――

私たちは対戦車用の急造爆雷というのを背負わされた。敵の戦車が来たら、自ら飛び込んでいって爆破する役割だった。

5月、米軍の戦車が浦添から首里方面へ向かっているという情報が入り、安里で「たこつぼ」という穴を掘り、その中で待ち伏せた。

敵が近づいてきたら、どうやって飛び出して、どうやって爆破するか。それぱっかり考えて、命のことなんて考えていなかった。

たこつぼで一晩待っていたが、米軍は迂回《うかい》して那覇駅（現泉崎）方面に向かったという情報が入り、私たちも移動した。

那覇駅に着いたが、私はニーブター（おでき）ができた足を引きずって歩いていた。それに気づいた分隊長に「後方に下がれ」とだけ言われ、その意味が分からず、南部方面へ向かって歩き出し、皆とははぐれた。

疲れで意識がもうろうとする中、休みをとりながら4日後に具志頭村（現八重瀬町）に到着すると、偶然にも自分が所属する分隊の連中が先に到着していた。

ある屋敷内の壕に隠れながら、2人ずつ交代で見張りをした。敵は500メートル先まで来ているという情報だった。

私は朝の立ち番になった。屋敷を囲む木の間から、300メートル先に戦車がずらずらと並んでいるのが見えた。しばらく動く気配がなかったが、数時間後、われわれを警戒するように虫の歩みのごとく、ゆっくりと向かってきた。
150メートルほどまで近づいたかと思うと「ボロロロロー」と一気に火炎放射器が火を噴き、逃げる私たちを追いかけるように炎が伸びてきた。

自決の寸前――

転戦を続けるうち、隊は散り散りになった。私たちは4人で摩文仁を目指すことにしたが、岩陰に隠れていた夜9時ごろ、今度は迫撃砲の攻撃を受けた。5、6発「ババーン」と音がしたかと思うと、破片が私の左足を直撃。はいずり回って逃げたが、とうとう気絶した。

気がつくと同僚でウチナーンチュの初年兵が、サーターヤー（製糖小屋）の中に連れてきてくれていた。しかし、ここの小屋も米軍の標的になっていた。同僚に「私はいいから、逃げてくれ」と言ったけど、彼はかついで別の壕に連れて行ってくれた。

私たちが身を潜めていると、「デテコーイ」という米兵の声が聞こえた。彼はためらうことなく出ていったが、捕まったら殺されると思い込んでいた私は、「いよいよ終わりだ」と手りゅう弾を地面に打ち付ける寸前だった。

「貴様、何をしている」。戻ってきた同僚が飛び込んできて、私の手りゅう弾を取り上げた。命が助かった。

「子どもたちには二度と同じ目に遭わせてはならない」――。私は戦後、再び教師を志し、定年まで務めた。生き残ったものとしての、平和教育だった。

（大城大輔）

37

心失い　死ぬ人うらやむ

比嘉茂子さん（91歳）

2012年9月23日掲載

約1カ月間、同じことの繰り返し。あまりの忙しさにほとんど寝られなかった。

1945年4月、西原町棚原の自宅の裏山から西側の海を見ると、敵の軍艦がまるで島のように浮かんでいた。真っ赤な火の玉が上がったと思うと、陸では黒い煙がモクモクと立ち上がり、辺りは火の海。空と海から爆撃や艦砲射撃がひどくなり、そのうち米軍が上陸してきた。

当時24歳。わが家は父母とおい、おばの5人で、昼は防空壕にこもり、暗くなると食料を集める日々だった。

ある日、友人の宮里シゲさんが「野戦病院で看護の人手が足りないから助けてくれ」と訪ねてきた。家族の勧めもあり「お国のためなら頑張ろう」と、糸数ノブさんと一緒に手伝いに行くことにした。でも、胸の内では「この戦争はどうなるのか」と心配で仕方がなかった。

棚原の南側に掘られた5325部隊の野戦病院での仕事は、壕奥のわき水でガーゼや包帯の洗濯、食事配り、下の世話、傷の手当てのときの明かりを照らす係など。

暗くなると、負傷兵を乗せた担架を4人1組でナゴー（西原入り口）まで運んだ。3キロくらいだろうか。一晩で4往復が限界。途中で爆撃もあり、命懸けだった。そこからはトラックで首里の病院壕へと運ばれていった。

優しい兵士もいたが、怖い兵士もいて、何度も怒られて嫌な思いをした。約1カ月間、同じことの繰り返し。あまりの忙しさにほとんど寝られなかった。

壕追われて

5月下旬、病院部隊が解散することになった。一人一人に手りゅう弾2発と乾パン1袋が配られ、家族を探せとの命令。歩ける兵は自力で首里の病院壕へ移動することになった。西も東も分からない私とシゲさんは途方にくれたが、日が暮れて移動する人の後をついて歩いた。

2日後、ノブさんが弾に当たり、亡くなった。悲しみに沈むことさえできず、島尻へ移動した。途中、近くの壕へ入れてもらったが、すぐに友軍が来て「軍命だ」と追い出された。

その時に空中で破裂する流散弾に当たり、傷を負った。シゲさんは足を、私は右半分の顔が傷だらけになった。翌日、シゲさんは帰らぬ人になった。心細くて、不安でたまらなかった。

それから一緒に歩いて来た人と岩陰に隠れた。誰かが「暗くなったら外へ出よう」と言うので、一緒に出た。右目はけがで見えず、歩行困難。でも、こんな所で死にたくない、明るい所で水をおなかいっぱい飲みたい、その一心でついていった。

6月20日夜、外は照明弾に照らされ、敵の姿が見えた。もうだめだと思い、手りゅう弾を探したが、どこで無くしたのか見当たらない。それならと腰ひもを外し首に巻き付けたが死に切れず、気付くと誰かが助けてくれていた。

涙一つ出ず――――

夜が明けると、そこにはたくさんの死体が山のように重なり合っていた。まさに地獄絵図。でも、こんな光景を見ても涙一つ出ない。その時、私に人間らしい心はなく、死ぬ人がうらやましく思った。

今考えると、恐ろしいことだ。そのまま捕らえられ、車に乗せられた。途中、車から飛び降りたが、やはり死に切れなかった。

玉城村（現南城市）の百名で米兵に手当てをしてもらい、翌日にやんばるの収容所へ移ることになった。そこで運良く同郷の人に会い、長姉一家が無事なことを知った。父親と次姉も無事だったが、母と兄弟、おばには二度と会えなかった。

母を思うとき、なぜ人間は戦うのだろうと考える。戦争を呪う。戦後は終わったと言う人もいるが、私は生きている限り終わらない。

私の左足のふくらはぎには二つの破片が入ったまま。長時間立っていると痛むが、そんなときは嫌でもあのときを思い出す。今の平和な日々は多くの犠牲者の上に成り立っている気がする。

（下里潤）

38

米軍迫る 荷物抱え山中転々

山川勝さん（94歳）

2012年9月30日掲載

今でも通学する中学生を見ると「よくもあんなに若い子どもたちを兵隊にしたな」と思う。若い人はほとんど戦死した。戦争が憎くて、戦争がないようにいつも願っている。

1918年に大宜味村大兼久に生まれた。21歳で結婚し、夫の元康に嫁いだ。夫の実家は大兼久で、本島北部でも大きな旅館「三衆館」を営んでいた。夫は結婚後しばらくして出兵し、県外へ。夫の家族と一緒に旅館を切り盛りした。

旅館は瓦屋根の木造2階建て。県庁職員や日本軍の兵隊さんの宿泊も多く、徴兵検査などにも何度も使われた。友人たちが伊江島の飛行場建設に徴用される中、私は旅館があったので徴用を免れ、村に残っていた。

空襲がある度に、集落の山手側の壕に避難する生活。10・10空襲から戦争が一層激しくなった。もともと体が弱かった義妹の敏（当時14歳）は4日後の14日、山中に隠れているさなかに心臓発作を起こして死んだ。

徴兵喜ぶ義弟

44年の秋ごろ、嘉手納の県立農林学校に通っていた義弟・元三郎（当時18歳）にも召集があり、徴兵検査に行った。男は兵隊になるのが当たり前の時代。背が低かった元三郎は背伸びして検査を通してもらったそうで、合格したことをとても喜んでいた。通信兵として高嶺村（現在の糸満市）に配属された。

詳しい居場所は知らなかったが、ある日、高嶺村の村長が旅館に泊まり、村長から元三郎がいる基地の場所を教えてもらえた。日本軍か誰かのトラックに乗せてもらったりしながら会いに行った。

何とか基地内に入れてもらい、面会した元三郎は顔がむくみ、髪の毛も少し赤く傷んでいて、栄養が足りていないことがすぐに分かった。

元三郎は「お金を持っているか」と私に尋ね、涙を流しながら「砂糖を買って、仲間と食べたい」と話した。

若い兵隊は迫り来る死を覚悟する中で、甘い砂糖を食べる一瞬の安らぎも得られない状況。持っていた有り金すべての40円を渡し、短い面会を終えた。

白旗掲げ投降

上陸作戦が始まった45年の3月23日からは旅館も閉め、山の中を逃げ回る生活が始まった。

農林学校に通っていた義弟の元道（当時17歳）も学徒隊として召集されていた。が、出発日の23日、何度もバス停に足を運び、バスの到着を待ったが、結局バスが来ることはなく、そのまま残った。前日の22日にはバスは出ていたようで、国頭村の若者はみんな兵に取られていた。

避難生活は荷物や食糧を運んだりと大変だったが、残していた米や砂糖などを少しずつ食べることはできた。

妊娠中のいとこの姉さんもいて、お産に備えて一緒について回った。姉さんは結局、山奥の炭焼き窯の中で出産した。きれいな水もなかったが、無事に生まれて健康に育ったからよかった。

米兵が北上するにつれ、壕を移動し、最終的に壕を6カ所ほど転々とした。

3～4カ月ほど逃げ回り、いよいよ米軍が迫ってきたころ、叔父が捕まり投降を呼び掛ける案内役に命じられた。みんなで話し合い、最終的に山城東栄村長が先頭に立って白旗を掲げ、みんなで投降した。戦争は終わったが、誰々が戦死したなどの話ばかり、終戦という安堵《あんど》からは遠かった。

すぐには大兼久には戻れず、饒波で数カ月生活してから戻った。旅館は焼け落ちていたが、数年して夫も無事戻り、旅館も再開できた。

戦後、元三郎が戦死したことを知った。知人が6月21日に、糸満市（当時真壁村）真栄平で見たというのが最後の情報。戦死を知って以降、毎年6月には真栄平近くの慰霊の塔を訪ねて拝んでいる。

今でも通学する中学生を見ると「よくもあんなに若い子どもたちを兵隊にしたな」と思う。若い人はほとんど戦死した。戦争が憎くて、戦争がないようにいつも願っている。戦争だけはしないで、みんなで仲良くしてほしい。

（浦崎直己）

39 シベリア抑留 解剖にも従事

大川正雄さん（87歳）

2012年10月7日掲載

ソ連軍が満州に入り込んで来た。でも戦闘行為は１、２時間ぐらいしか経験していないんだ。銃はあっても弾がない。それが関東軍だった。

17歳で満州（現中国東北部）の義勇隊に行った。敗戦後、シベリアで抑留されて那覇港に帰って来たのは１９５０年の10月10日。やがて62年になるね。10月10日は私に非常に関係がある日なんだ。

野嵩（宜野湾市）で生まれ育った。７人きょうだいの３番目。３万坪の土地がもらえるというから、満蒙開拓青少年義勇軍に応募した。北谷で２週間、県の訓練を受けて、茨城県の内原訓練所で半年間の基礎訓練。満州に行くと名前が「義勇軍」から「義勇隊」に変わった。（黒竜江省の）勃利と寧安で暮らした。

20歳になって徴兵検査があり関東軍に入った。それも44年の10月10日なんだ。徴兵検査の最後の年。一つ下の19歳の連中も一緒に検査を受けることになった。後から考えると、非常事態だったんだ。

関東軍上等兵――――

上等兵になった。私は石田中尉という中隊長の当番と、敵陣を偵察する斥候役だった。45年8月。ソ連軍が満州に入り込んで来た。でも戦闘行為は1、2時間ぐらいしか経験していないんだ。銃はあっても弾がない。それが関東軍だった。山の上から1発撃って交換しながら、それでも5発しか使えない。相手はどんどん撃ちながら戦車で登ってくる。もう話にならない。大変だと思っていると「後退しろ」と命令が出た。

北朝鮮の国境付近、白頭山裏の開山屯近くまで逃げた。誰も弾に当たらなかったよ。ただ、別の部隊はダイナマイトを抱えてソ連軍の戦車に突っ込んだ。われわれは後尾部隊だったことで命拾いしたと思う。

8月16日。戦闘に出ようと陣地から4、5キロ離れた所で会った大隊本部の兵長が「日本は無条件降伏したから陣地に戻れ」と言う。戻って報告したら上官が「貴様は無条件降伏という言葉を知っているか」と日本刀で切られそうになった。中隊長が止め、大隊長に確認してくれた。

ソ連が武装解除に来るというので、全員、銃や帯剣をテーブルの上に並べた。上官は「小銃の銃身に刻まれた菊の御紋を消せ」と命令した。そのままソ連兵に渡すわけにはいかないということ。石でこするけど、鉄だから消えないよ。結局、馬車で来たソ連兵が全部持って帰った。

将校たちは前日に連れていかれて、私ら兵隊は40~50人ごと貨車に積まれた。汽車が止まったら、死刑かなとそれしか考えていなかったけど、行き先は捕虜収容所だった。

毎日死ぬ捕虜――

着いたのはアムール川沿いのピヴァニにある収容所。この日も10月10日だった。捕虜は2千人ぐらい。伐採の仕事が主だったけど、私はれんが工でシベリア鉄道の駅舎造り。山で働く連中よりノルマは大変じゃない。監視役のソ連人は十月革命で政治犯になった囚人たち。氷点下30度になると、ソ連人も監視しないから仕事に出ないでよかった。

1年半ぐらいして、急性肺炎になりムーリンという地区の病院に送られた。1週間で治ったら、そのまま看護婦の加勢をしろと命令され、残ることになった。患者への食事運びや体温測定から始めた。

れんが工の時は毎日食事の時に共産教育があった。やらないとダモイ（帰国）できないというから、みんな一生懸命。病院時代はやらなくてもいいと思って講習会にも出なかったら、何と日本人につるし上げを食らった。

病院にいると、捕虜が毎日死んでいく。ソ連と日本の医者が研究のために立ち会う。解剖するのが私の仕事だった。頭を十字に切って、脳みそを出したり、腹を切ったり。終わったら糸で縫ってシーツをかぶせて墓場に連れて行く。これが一番つらかった。ろくすっぽ飯を食えなかった。

沖縄に帰ってきたら、骨はまだごろごろ転がっていたが、家族は全員生きていた。姉と弟を連れて南部を逃げた父は艦砲の爆風で耳が聞こえなくなっていた。戦とはこういうものかと沖縄に帰ってきて知った。

（吉田伸）

40 「スパイ」虐殺止められず

座嘉比ヨシさん（82歳）

2012年10月14日掲載

死刑の様子は全部見たよ。止めようとして上等兵にも頼んだけど、いくら言っても助けてくれなかった。

1945年3月23日、家から100メートルほど先に艦砲が落ちた。当時15歳。私たちの家は大きな屋敷だったので、戦が始まる前から兵隊がたくさん住んでいた。

艦砲は、ちょうど陣地壕に食事を運んでいた時。近所の家はバラバラで、亡くなった人の肉があちこちに散らばってた。

ワーワー泣きながら帰ると兵隊も騒いでいて、「もう戦争は始まってるんだ」と実感した。

ヌヌマチガマへ

この日から、そのまま兵隊に付いて（後に白梅学徒が従軍した八重瀬町新城の）ヌヌマチガマへ入った。一緒に住んでいた祖父母は新城の人がいた新里壕に逃げたけど、私は長く兵隊の世話をしてて責任も感じたし、一緒にいれば食べ物もあるから何も心配ないと思っていた。

ガマは第24師団第1野戦病院の新城分院。艦砲でやられた兵隊が5人、10人とどんどん増え、ついには千人以上になっていた。死んだ人は体が膨らんで真っ黒になった。壕を回ってそれを報告するのも私の仕事。死体は衛生兵が外へ運び、爆弾であいた穴に入れていたよ。

手術の手伝いもした。麻酔が無くなっても、小さなノコギリでガサガサーして手とか足とかを切るわけ。泣きわめく兵に医者は「お前を治すためにやってるんだ」と怒鳴っていた。見ていて痛さも怖さも感じない。何も考えられなくなっていたさ。

5月下旬ごろ、兵隊から「スパイを連れてきた」と聞き、大隊本部へ見に行った。大隊長は「よっちゃん、何で？」と最初はびっくりしていたけど、「あっちに縛られてるから見ておいで」と言ったので入ってみた。

見ると、クンジー（紺地）の着物を着た男が、手も足も目も縛られていた。標準語だと兵隊が分かるのでウチナーグチで「ウンジョー、スパイアイビランタンナ（あんた、スパイじゃないんでしょ）」と声を掛けた。聞けば、泡瀬のクワエさんという民間人で、年は42歳。男1人女5人で島尻へ逃げていたらスパイと疑われて捕まったと言う。

大隊長に許してもらおうとしたら、もう翌日の死刑が決まっていた。それでもお願いしたら「じゃあ、あんたもスパイだね。死刑にしようか」などと脅され、怖くて何も言えなかった。死刑の様子は全部見たよ。止めようとして（命令を受けた）上等兵にも頼んだけど、いくら言っても助けてくれなかった。

艦砲の穴に座らせ、日本刀で右から切って左から切って、最後にのどを刺したら倒れよった。木を切るのと同じ、もう人間じゃない。戦争の怖ささぁね。クワエさんは何も言わず、静かに切られた。もう涙も出なくなっていた。戦後、クワエさんの家族を捜して葬った場所に案内した。「家族に届けて」とお願いされていた印鑑も渡したよ。

兵士の銃殺目撃

解散命令が出たのは6月3日。皆がっかりしたが、それからが悲惨だった。歩けない人には手りゅう弾か青酸カリを渡され、どんどん死んだ。歩ける人は出て行き、私も兵隊に付いていこうとしたら「危ないから、付いて来るな」と少尉に止められた。「日本兵はデマを流してる。アメリカーの捕虜になってもいい、絶対に死ぬなよ」と。今思えば、あの言葉に助けられたね。

6月10日ごろだったはず。伍長が負傷兵56人を次々と銃殺した。撃たれた人は自分で歩けないし食べられないし、顔とかハエだらけ。私は「撃つな、撃つな」って止めようと必死だったけど、伍長は「どうせ2、3日で死ぬから」と言った。撃ちながら「ごめんよー」「ごめんよー」ってずっと泣いていたよ。

それから1週間ぐらい1人で隠れて、祖父母のいる新里壕に行った。「アメリカーに捕まりそうなときは自決しろ」と手りゅう弾を持たされ腰に下げていたけど、使えなかった。捕虜になったときは、とぅるばって（ボーっとして）何も考えられん。誰も分からんはずよ、あんな思いは。

今もあちこちで戦争してるさぁ。沖縄にもまだアメリカーがいて基地があるし、戦争はまた起こるんかねぇ…。今の子は戦争の本当の怖さを分からないし、笑うこともできるさ。それが良いことなんだよね、本当は。

（新垣玲央）

41

学校に御真影・竹の戦車

伊波増一さん
（77歳）

2012年10月21日掲載

ガマは光が全く入らず真っ暗。でも暗闇よりも「鬼畜米英」の米兵の方が恐ろしかった。

１９４４年、僕は伊波国民学校（当時・美里村、現・うるま市石川）の３年生だった。学校の中には御真影を祭る奉安殿があり、毎朝最敬礼した。掲示板には敵国のチャーチル英首相、ルーズベルト米大統領の似顔絵があり、そばに置いてあった棒で憎しみを込めてたたき、教室に向かった。

校庭には竹製の戦車が並べられていた。米軍の爆弾を消耗させるためだったかもしれないが、今考えると稚拙で、子どもたちが通う学校を標的にさせるなんて愚かだよ。

でも当時は軍国主義教育が徹底されていたから、学校に行けるのは兵隊さんのおかげと思い、将来の夢は兵隊か教師だった。

校舎の半分は兵舎に取られ、僕らは午前と午後に分かれて授業を受けた。いつも身近にいた兵隊と仲良くなり、初めて梅干し入りのおにぎりをもらった。佐藤さんという優しい兵隊だったけど、戦争になってからはどうなったのか分からない。

ノミ退治に苦慮

そのころ、外の世界にあこがれていた僕は、両親に疎開したいと伝えた。でも両親は跡取り息子だということで、絶対に許さなかった。伊波集落から13人が疎開したが、戦後みんな生きて戻ってきた。

45年になり、戦争が間近に迫ってきた。18歳の姉は国のために尽くすと家族の反対を押し切り、従軍看護婦として行動していた。

3月ごろ、僕たち一家は嘉手苅のガマの三つあった口の一つ、「クシヌテラ」に避難した。だが、祖父だけは家を守ると言って、家の壕に残った。石川岳や北部方面に逃げた人もいた。

ガマは光が全く入らず真っ暗。でも暗闇よりも「鬼畜米英」の米兵の方が恐ろしかった。中ではランプの明かりで生活した。食料はみんなで手分けし、明るいうちに畑から野菜やイモを掘って確保した。ガマ近くに住む人が売りに来た馬肉を買って食べたら、最高においしかったな。

米兵に見つからないようじっとしていたが、ノミにはずっと悩まされた。朝起きたら、着物にびっしりと付いたノミをつぶすのが日課だった。体中かゆくて大変だったよ。

ガマの中でご飯を炊いたため、2歳下の女の子が煙で窒息死したこともあった。小さいのにかわいそうだったよ。

祖父と収容所へ――――

祖父は家の隣から大声が聞こえるということで壕の外に出たところを米兵に捕まり、嘉間良（現・沖縄市）の収容所まで連れて行かれた。どういう経緯かは分からないが、その祖父が家族を迎えにガマまでやってきた。

祖父はこの戦争が負けることをもう知っていたが、ガマにいた住民は「日本が負けるなんて」と全く信じなかった。結局、両親たちはガマに残り、僕1人だけが祖父に付いていった。

嘉間良の収容所の隣には孤児院があり、親を亡くした子どもたちが大勢いた。嘉間良で祖父と数カ月過ごした後、石川の収容所に移り、離れていた家族と再会できた。

日本軍と一緒に行動していた姉は激戦に巻き込まれ、摩文仁で亡くなった。遺骨は見つからなかった。戦後、祖父は「付いていくなと言ったのに。言うことを聞かないからこうなってしまったさ」とさみしそうに語っていたよ。

僕は確かに肉親を失ったけど、ずっと隠れていたから残酷な場面や死体を見ていないし、逃げ回ってもいない。でも戦争は恐ろしいものだということは知っている。若い世代には平和が尊いということを知ってほしいし、人類は平和であってほしいと願う。

（石底辰野）

42

畑接収され空襲で家失う

与那覇博敏さん
（79歳）

2012年10月28日掲載

自分の家も5月ごろの空襲で、爆弾で吹っ飛ばされた。他の家では逃げた防空壕や家屋内で爆弾にやられて亡くなった人もいた。自分たちは住まいを無くしてから、アダンを切って柱をつくり、かやぶきの屋根やむしろを敷いて仮住まいにした。

1933年6月、宮古島市上野の野原で生まれた。当時の野原には陸軍中飛行場があり、自分が新里国民小学校（現在の上野小学校）の時から家の近くで陣地構築をしていた。

自分の父親も他の地域住民と同様、飛行場の用地接収のため農作物を育てていた畑を軍に取り上げられ、機械で地ならしする様子をぼうぜんと眺めていた。生産基盤を失い立ちすくんでいたが、その時、初めて父親が涙を流す姿を見た。

戦闘が本格的になったと感じたのは小学校5年生にあたる44年10月10日の「10・10空襲」から。当日は午前中から飛行機が飛んでパラパラと機銃掃射の音などがしており、周囲の大人は「友軍（旧日本軍）の演習だ」と話していた。

だが、しばらくすると警報代わりのラッパの音が鳴り響き、敵機の襲来だという話になったので、自宅の敷地内に作ってあった横穴式の簡易的な壕《ごう》に避難した。その日は平良の港の船舶などに主な被害が出たが、次第に戦況が厳しくなると民家も破壊されるようになっていった

家近くに慰安所――

自分の家も5月ごろの空襲で、爆弾で吹っ飛ばされた。他の家では逃げた防空壕や家屋内で爆弾にやられて亡くなった人もいた。自分たちは住まいを無くしてから、アダンを切って柱をつくり、かやぶきの屋根やむしろを敷いて仮住まいにした。だが、ヤギ小屋以下の作りで雨が降ると雨漏りするので、それを避けるため、家族で家の片隅でじっとしていた。そんなみじめな生活の中でも空襲は続いた。

自分の家から約150メートルほど離れた飛行場と隣接する場所には、朝鮮人慰安婦の慰安所もあった。

細長いかやぶきの建物で、最初は兵舎として使われていたと思う。いつの間にか若い女性がいるようになったので「なぜ兵隊がいる場所に女性がいるのか」と子ども心に疑問を持った。

女性たちはいつも3～4人で行動しており、地域の水場で洗濯をした帰りに木陰で休んでいることがよくあった。友人といる際、その女性の一人に流ちょうな日本語で「兄ちゃん、兄ちゃん」と話しかけられ、「唐辛子をもらいたい」と言われたことがある。

隣の家から唐辛子をもらって「これですか」とあげると「そうです、ありがとう」とお礼を言われた。今から思えば年齢は17、18歳ほど、20歳以下の少女だったと思う。

哀れな労働続く――――

終戦を知ったのは、日本が無条件降伏した8月15日よりずっと後だった。周囲から「日本が負けたらしい」と伝えられたが、当時の軍国主義教育の影響もあり「日本が負けるはずがない」と感じた。だが、言われてみると空襲もなく、防空壕に逃げることもなくなっていたので、開放感、安心感があった。

あとは自分の生活をどう立て直すかが大きな問題だった。野山に行き食べられる雑草を集めたり、家屋を建て直したり、哀れな労働が続いた。何でこんな戦争をしたのか、戦争はやるべきじゃなかった、と強く認識させられた。

若い世代には、どんなことがあっても哀れなイクサ世を起こしてはいけないということをあらためて言いたい。そのためには過去の歴史をしっかり学ぶこと。過ちを繰り返さないでほしい。昨今の近隣諸国との関係を見ていると心配になり、物騒な動きを憂慮している。

（与儀武秀）

43

元ひめゆり 負い目の日々

上江洲慶子さん(83歳)

2012年11月4日掲載

戦地で亡くなった学友に対して、生き残ったことをわびたい気持ち、つらい思いをひきずって生きてきた。

沖縄戦当時、わたしは県立第一高等女学校の生徒だった。ひめゆり学徒隊として戦地に行った仲間は、命を落とした人も多い。

1944年当時、わたしは那覇の上泉町に住んでいた。毎日、勤労奉仕、陣地構築、防空壕掘りなどの作業をしていた。学校は安里にあり、2年生までは授業があったが、3年生ごろから作業が増えた。

10・10空襲があったのは朝。テーブルには朝食の用意がされていた。普段より飛行機がぶんぶん飛んでいて、おかしいと思った。敵機来襲とも分からずに、兄らは「演習がすごい」と言っていた。

そのうち空襲が始まり、町は焼け野が原になった。

わたしは母と兄弟と共に南部の山川に避難した。近所の人の知り合いの家を頼って、一家にお世話になり生き延びることができた。

軽便で北部避難――

45年3月、わたしは卒業を控えていた。そのころ、空襲がひどくなり、頻繁に防空壕に避難するようになっていた。21日ごろ、激しい空襲で徒歩で家から近い大きな壕へ駆け足で逃げ込んだ。作業や学校に行くどころではなかった。県からは、町から避難するよう回覧板が回っていた。

空襲が続いたある日、那覇から普天間に向かう最後の軽便鉄道が出ると聞いて、家族で乗り込んだ。普天間で降り、名護の祖母の家を目指した。

道には山原へ向けての避難民が大勢いて、ぞろぞろと歩いていた。小さな子供を連れて歩く人たちは大変そうだった。途中、壕で避難しながら、3日かけて祖母の家まで歩いた。たどり着いたときは、疲れ果ててぐったりしていた。

しばらくすると、祖母の家にもいられなくなり、さらに名護岳に避難した。地元の人たちが造った瓦ぶきの小屋に身を隠した。米兵が来たら、床下に隠れたり、木に登るなどした。

食べるものもなく、イモの葉やソテツを食べたりした。いつもひもじい思いをしていた。でも、生き延びることができたのは、物資のない時代を乗り越えてきたお年寄りの知恵があったから。感謝している。

生き残りの使命――

山を下りたあとは仲尾次、その後伊差川で避難テント生活を送った。家に帰れるようになっても、逃げるように出てきた那覇に戻る気にはならなかった。

わたしは戦争に参加しなかった。そのことがいまもわたしを苦しめる。戦地で亡くなった学友に対して、生き残ったことをわびたい気持ち、つらい思いをひきずって生きてきた。

でも、生き残った者には何か使命がある。ひめゆり平和祈念資料館には仲間がいっぱいいる。そこで語り部になって体験を語り継いできた友達への感謝を忘れない。

わたしも今、ひめゆり学徒隊についての短歌を書いている。短歌には亡くなった学友への祈りの気持ちを込めた。少しでも安らかに眠ってくださいと願う気持ち。

戦争ですべてひっくりかえる。沖縄戦を忘れてはならない。

（湧田ちひろ）

6月になって、転属先の岩手県からぼくだけ所沢に呼び戻された。そこで中隊長から、沖縄が激しい戦闘に巻き込まれたと聞いた。ぼくのことを不憫に思い、せめてもの慰めとして激励してくれたのかもしれない。

44 飛行兵学校で厳しい演習

屋良朝雄さん（85歳）

2012年11月11日掲載

2歳で父親、12歳で母親を亡くし、古里の具志川村（当時）を離れて越来村（当時）の親戚宅に引き取られた。畑作業を手伝ったり、愛媛県に出稼ぎに行ったり、生きるために歯を食いしばって働いた。

あこがれだった陸軍少年飛行兵学校に願書を出したのは、16歳の時。だれにも相談せず、一人で受験を決めた。すでに貴重な働き手になっていたので、本土行きに親戚が反対するかもしれないと心配したのかもしれない。典型的な軍国少年だった。

ところが試験が終わって何週間たっても、結果が来ない。やっぱりだめだったかと諦めかけていると、思いがけずムシロの下から合格通知が見つかった。たぶん郵便配達の人が風に飛ばされないように挟んでいったんだろう。それに気付かず、ずっと放置していた。大喜びで開けてはみたが、なんと明日までに滋賀県の少年飛行兵学校に来るよう書いてある。大慌てで美里村役場に相談し、軍の司令部に連絡を取ってもらった。そのおかげで日程や場所を特別に変更してもらい、事なきを得た。

大きく新聞掲載

役場の人が新聞社に連絡してくれたのか、翌日の新聞にぼくのことが大きく載っていてびっくり。地域の人や知り合いから大変な祝福を受けた。国のために尽くせると、誇らしさで胸がいっぱいになった。沖縄から合格したのは、ぼくを含めて3人だけ。東京都村山村（当時）の少年飛行兵学校に入ることになり、親戚たちに見送られて沖縄を離れた。

学校では、学科や体操、剣道、行軍演習など、厳しい日課が待っていた。ついて行けず、泣いている人もいた。寮は一部屋20人以上の集団生活で、朝は竹刀でたたき起こされる。軍隊さながらの毎日だった。でも、ぼくはそれほど苦にならず、むしろ楽しく充実していた思い出の方が強い。食事も十分にあり、同期の中では体力もある方だったからかな。いまでも県外から地元の果物などを送ってくれる同期もいる。

1年間の課程を終えて卒業すると、それぞれの適性に従って上級の学校に振り分けられる。ぼくは、所沢の陸軍航空技術学校に入校することになった。ここで航空機の整備、特に電気関係を学び、翌1945年4月1日に上等兵に任じられた。この日、沖縄本島に米軍が上陸した。

6月になって、転属先の岩手県からぼくだけ所沢に呼び戻された。そこで中隊長から、沖縄が激しい戦闘に巻き込まれたと聞いた。ぼくのことを不憫《ふびん》に思い、せめてもの慰めとして激励してくれたのかもしれない。

やがて終戦を迎えるが、占領下の沖縄には帰れない。仕方なく、以前出稼ぎに行ったことのある愛媛県に渡り、つてをたどって農事修練場に入れてもらった。身内や友人らの安否は、ずっと分からないままだった。

沖縄へ送還通知——

46年8月、修練場の先生が「屋良君！」と大声で呼んでいる。差し出された文書を見ると、沖縄への送還通知だった。沖縄を離れて3年。やっと帰れると、跳び上がって喜んだ。

沖縄に帰ると、第二の古里である越来村嘉良川は、米軍基地として接収されていた。見渡す限りブルドーザーでならされて地形まで変わった光景を見て、沖縄戦の激しさを知った。大勢の人々が犠牲になった一方で、国のために死のうとしていた自分が生き残ったことに、何とも言えない思いが込み上げた。

（鈴木実）

45

身潜め夜に避難 餓死寸前

赤嶺冴子さん
(78歳)

2012年11月18日掲載

ソテツやカタツムリなど、食べられるものは全部食べた。どの世帯も1、2歳の小さい子どもたちから餓死し、一人ずつ欠けていった。私も「次はあんたの番」と言われていた。

豊見城村（当時）渡嘉敷に住んでいた私は1941年、豊見城第2国民学校（現座安小学校）に入学した。4年生になると勉強は1日おき。あとは与根飛行場を造るために豊見城城跡から石を運んだり、戦車用の落とし穴を掘る作業の手伝いをさせられた。勉強どころじゃない。

戦火が迫り、45年3月、家族のうち、私とカミおばあさん、同居していた親類のおばさんとその子ら6人で（豊見城村の疎開割り当ての）大宜味村に避難することになった。

夜、真玉橋に住民約10世帯が集合し歩き出した。手持ちの荷物は2、3日分の黒砂糖など食料だけ。

那覇市内で日本軍のトラックに「子どもと年寄りは乗っていい」と言われ、子どもはよじ登ったが、おばあさんとおばさんは登れない。車はそのまま嘉手納まで行ってしまった。

ばあさんと再会――

嘉手納では右も左も分からない。夜間、子どもだけで同じ集落の人の後に付いて、大勢の避難民と一緒に歩いた。昼は米軍の艦載機が飛び、発見されると艦砲射撃が飛んでくるので山に隠れ、じっと身を潜めた。

夜も、米軍の照明弾で昼のように明るくなる瞬間もあった。その時、西の海を見たら米軍の軍艦の影で真っ黒だった。道では「やられた」と言って、モッコで亡くなった人を運ぶ人もいた。あちこちの屋根の焼けた瓦の破片が道に飛び、はだしでは熱くて、避難民から「痛い、痛い」と言う声も聞こえてきた。

大宜味村喜如嘉あたりまで来た時、山の方から名前を呼ぶおばあさんの声が聞こえた。再会の瞬間、私は声も出なかった。おばあさんは声を震わせ、しっかり抱きしめてくれた。

丸1週間かかって4月、大宜味村田嘉里のかやぶき屋根の避難小屋についた。やっと休めると思ったが、息つく間もなく機銃の音が聞こえた。米軍の攻撃で、他の避難小屋が燃えていた。すぐに山中に全員で逃げた。2里(約7・8キロ)ほどは山の中に入ったと思う。

山では各世帯が木と木の間に竹を通し、大きな葉をかけて屋根にし、生活を始めた。餓死寸前で無人の集落へ下り、食料を探した。畑のイモもわずかしかない。苦労して集めた食料も、山に潜伏していた日本兵に取り上げられることもあった。

そんな生活を8月まで5カ月間送った。天皇陛下が降参したとの米軍のビラがまかれたが、誰も信じない。米兵に捕まったら、耳を切られ股を裂かれて殺されると聞かされていた。

敵も味方もない――

「何か食べるものを」「少しでも南部へ」と移動して着いた東村有銘では、避難民がいっぱい。ソテツやカタツムリなど、食べられるものは全部食べた。どの世帯も1、2歳の小さい子どもたちから餓死し、一人ずつ欠けていった。私も「次はあんたの番」と言われていた。

約1週間後に米軍が有銘に上陸した。私たちは羽地村（現名護市）田井等の収容所に連行された。途中、米兵が食料を差し出したが、「毒が入っている」とだれも食べない。しかし、カミおばあさんが「自分は年だから、食べて死んでもかまわない。敵も味方もない」と食べた。もちろん死ぬことはなく、隣にいた私に「死なないよ。お前も食べなさい」と勧めてくれた。

田井等の収容所では、暑い中、おにぎり1個の配給のために朝から並んだ。ある時、私の前に並んでいた人が急に倒れた。驚いていたら、後ろから大人が来て、倒れた人を列から外し、「前に詰めなさい」と私の体を前に押した。戦争は、敵も味方もないと実感した。

戦争は絶対に二度とやるものじゃない。

（内間健）

46 「古里へ帰れる」かなわず

吉山盛安さん（78歳）

2012年11月25日掲載

戦争で住む場所こそ変わったけど「古里」は親志。思いは変わらないよ。

米軍の沖縄上陸が翌年に迫った1944年、読谷村親志の出身で小学4年生だった私は、読谷山尋常小学校の喜名分教場に通っていた。隣の座喜味では日本兵が飛行場を建設していて、夜は分教場で寝泊まりしていた。

子どもだから戦争のことはよく分からなかったけど、慌ただしい雰囲気で授業に身が入らなかった。

当時の親志は、現在は米軍の嘉手納弾薬庫地区になっている国道58号の東側にあった。10・10空襲では飛行場が狙われたけど、親志までは来なかった。空襲で壊れた建設用のトラックが運ばれてきて放置されたので、友達といじって遊んでいた。

年末、私は母と姉、妹2人、姉の子どもと一緒に恩納村の名嘉真に避難して、しばらく生活した。長男は飛行場の建設作業にかり出され、次男は徴用はされていなかったと思うけど、別々に行動していた。父は人を運ぶ客馬車の仕事をしていたので、重宝されて徴用を免除されていた。

正月を実家で過ごすために一時、親志へ戻った。お客さんがいなくて、にぎやかさがなく、正月という感じはしなかった。

集団で避難も――

年明け、区民は北部に避難することになり、辺土名へ移動を始めた。昼も夜も歩き通し、若い母親は赤ちゃんやお年寄りを乗せた馬車を引いて歩いていた。両親は仕事のためか親志に残ったので、私は姉たちと一緒に行動した。

数日かけて辺土名の山奥に着くと、5、6軒の避難小屋があり、親志区民がまとまって生活していた。

食事は炊き出しをするんだけど、昼は煙で見つかってしまうので、夜に1日分の食事をつくって、それを分け合って食べた。

ある日、お年寄りが「イクサガ、チューンドー（来るぞ）」と言うので木に登ってみると、海上に軍艦が並んでいてびっくりした。

そうこうしているうちに、集団でいた区民は、ばらばらに逃げることになった。そのころ、父と母も客馬車を引いて辺土名まで来た。ほかの区民から「馬を引いてたら、鳴き声で見つかるよ。置いていった方がいい」と言われたが、父は手放さなかった。「いつか平和になったら、馬にみんなを乗せて読谷に戻りたいから」と話していたよ。

移動途中の小屋で大きな鍋を見つけたので、それを担いで東村に向かった。東村に着くと、浜辺で海水を炊いて塩をつくり、地元住民と物々交換で食料を確保した。住民はドラム缶で塩をつくっていたから、サビ色がついてしまうんだけど、私たちの塩は真っ白だったから好評だった。

その後は大宜味や宜野座を転々として、戦争がいつ終わったかも分からなかった。

親志は軍用地に――

1946年ごろ、読谷村の波平が開放されて、区民はそこで暮らすことになった。父は「もうすぐ親志にも帰れる」と言っていたけど、親志は軍用地となり、昔住んでいた場所は平地になった。

父はしばらくして病気で亡くなった。親志に帰るのを本当に楽しみにしていたと思う。

親志は喜名の北側に新しい集落を形成した。旧字を知る先輩方はだんだんと少なくなり、子ども世代は今の親志しか知らない。私の家があった場所は今となっては黙認耕作地となり、境界線も分からなくなってしまった。

でも私の気持ちとしては、戦争で住む場所こそ変わったけど「古里」は親志。思いは変わらないよ。

（大城大輔）

47 日々教練「青春」楽しめず

田場恵順さん（80歳）

2012年12月2日掲載

学校の隣の真乙姥御嶽は、今よりかなり木が茂っていて、暗くてね。入学式はそこでやった。

1942年、八重山にもやっと中学校ができた。それまで進学した人は那覇の中学を出ていたからね。県立八重山中学校は現在の石垣中学校の場所にあって、僕は45年4月に4期生として入学した。受験に合格して入るのはうれしかったよ。

学校の隣の真乙姥御嶽《まいつばうたき》は、今よりかなり木が茂っていて、暗くてね。入学式はそこでやった。式の最中のことですよ。米軍の艦載機が飛んできて、御嶽の西側にロケット弾を投下した。

当時は石垣島でも空襲が続いていて、式の日も「米軍が空襲前の偵察に来る」という情報が流れていた。だからみんな偵察だと思って見ておったら、本物でしょう。飛行機の爆撃を見たのはまったく初めてのこと。「あっ落ちた」と、伏せてね。「アキサミヨー、やられた」という大きな声がした。見たら同級生が飛んできたアチコーコー（熱い）の弾の破片に当たり、腕にやけどを負っていた。

艦載機は毎朝編隊で飛んできて、学生と分かっていても撃ってきた。運動場で体操をしていると急降下してくる。「タッタッタッ」と土煙が上がる。機銃掃射です。逃げても間に合わない。「シュッシュッ」と弾が土に入る音が聞こえて、怖かった。機体の腹が見える時は弾が飛んでこないと分かってから、空襲時にも「おなかが見えるから大丈夫」と安心したりしていた。そうとう慣れていたね。

授業受けられず――

授業を受けた記憶は数回もない。強制的に鉄血勤皇隊に入らされ、毎日、軍事教練を受けた。満州（現在の中国東北部）からの払い下げの、重たい三八式銃を持たされ走らされる。よろけて銃口を田んぼに突っ込む者もいる。そんな生徒は軍曹に「天皇陛下の銃を何と思っているか」と、びんたを張られた。とにかく厳しかったさ。

松の木に登って空襲を警戒する対空監視任務もやったし、海軍南飛行場（現石垣空港）の弾痕埋めもさせられた。米軍の艦載機が爆弾を落とすので、滑走路に大きな穴が空く。そこに空のドラム缶を入れて、もっこで運んだ土をかぶせていった。

戦う訓練もした。たこつぼ（塹壕《ざんごう》）を掘って、爆薬をかついで潜むんです。「敵の戦車が来たぞ、突っ込め」。軍曹の合図で一斉に飛び出す。動作が鈍い者は革靴で蹴られた。米兵はいつ上陸してくるのか、本当に戦車の下に潜る時がくるのか――と、考えただけで、怖くてしょうがなかった。

逃げ場なく必死――

いつも必死でしたよ。今の中学生とは違う。『逃げ場』がないからね。でも軍隊のため、天皇のためという意識はなくて、「自分が団体行動を崩しちゃいけない」という気持ちだった。

教練には白水の避難所から通っていた。弟はそこで生まれたんです。避難小屋の屋根は生木を切って三角に組んだもの。畳もなく、わらのゴザを敷いた上で寝起きした。食べ物がなくて栄養不足だし、僕も含め家族はマラリアにかかった。母はあんな所でよく難儀して産んだと思うし、弟もよく生まれ、生き抜いたと思う。僕は長男で、下のきょうだいは女ばかりだったから、弟ができてうれしかった。

中学で何の教育も受けさせてもらえず、作業や訓練ばかりさせられて、今考えたらワジワジーする。戦争に勝てば暮らしが良くなると思い込まされていた。終戦後は家族を食わせるために中学をやめ、鉄工所にでっち奉公した。大学まで進学した者に対し、惨めさも感じた。

青春時代に楽しかったことなど、何も思い出せない。国が間違った進み方をしたら大変だということです。これからは間違いがないように願いたい。

（又吉嘉例）

48 死体踏み分け　山中逃げる

城間辰彦さん
（74歳）

2012年12月9日掲載

山の中で自分が何を食べたのか、昼間はどんなふうに過ごしたのか、何日ぐらい避難していたか、など思い出せないことがたくさんある。しかし、思い出したくもない記憶も二つある。

本部町健堅の自宅近くに大きな松の木があった。1944年夏、（朝鮮半島から日本軍に強制連行された）朝鮮人軍夫が夕方になると木の下で休憩していた。大人たちは「日本兵や朝鮮人たちは山の上で塹壕《ざんごう》を掘っている」と話していた。

鉄砲を持った日本兵10人が朝鮮人軍夫20人の前後を歩き、朝に山を登り、夕方に下りてきた。休憩中に私の自宅庭のトウガラシをもぎ、生で食べることがあった。故郷の味を思い出していたのか。かわいそうと思った。

朝鮮人の相撲を砂浜へ見に行ったことがある。日本兵が取り囲む中で朝鮮人二人が相撲をとっていた。勝つまでやめさせないというルールだったのか、負けるとまた別の相手と対戦させられ、やられっぱなしで泣き出す人もいる。日本兵の娯楽のようにも感じた。それ以降、見に行かなかった。

健堅の塹壕は伊江島防衛に備えていたといわれている。しかし、10・10空襲の結果、米軍の圧倒的な戦力を目の当たりにして、日本軍はさらに後方の山へ引いていった。日本兵も朝鮮人軍夫も松の木の下で休憩する風景を見ることはなくなった。

独り泣く赤ん坊

45年4月、沖縄本島に上陸した米軍が、北上していることを伝え聞くと、私たちも自宅にいることはできず、山へと避難を始めた。

父母と弟、母方の祖母と5人。ウッカー、チンダガー、シギシキと呼ばれる山を転々と移動した。昼間は攻撃を避けるため動けない。夜の真っ暗闇の中を大人の後に続いて歩いていた。

山の中で自分が何を食べたのか、昼間はどんなふうに過ごしたのか、何日ぐらい避難していたか、など思い出せないことがたくさんある。

しかし、思い出したくもない記憶も二つある。

一つは夜中に一列に並んで歩いていた際、力のない赤ちゃんの泣き声が聞こえた。母親が亡くなり、その場で泣き伏せていたのではないか。でも、自分が生き残るので必死。誰一人としてその赤ちゃんを助けようとしなかった。疲れ切っていたこともある。一言も発せずにその場を去った。

もう一つは、これも夜に逃げ回っている時。川の中で軟らかいものを踏んづけた。私は「おっかあ」と大声を上げた。死体だった。腐っており、ウジ虫が私の足をつたってきた。母が洗い流してくれた。手を合わせて拝んで、そのまま夜道を歩き続けた。

思い出すだけでいやな気持ちになる。学校などで戦争体験を話してほしいと頼まれるが、「申し訳ない」と断っている。思い出したくないんだ。家族にも話したことはない。あれだけいやな気持ちは戦後68年たっても経験したことはない。

米軍が家を接収

戦争が終わったという情報は自転車で山を上がってきた人から聞いた。半信半疑で万歳するような気持ちになれなかった。

逃げていた人たちは一斉に集落を見渡せる丘へ移動した。自分たちの家の状況を見るためだ。丘には麦畑があり、ああ6月なのか、と季節を感じた。

私の自宅は焼き払われ、米軍が資材置き場に使っていた。戦後しばらくは米軍基地から拝借したトタンぶきのみすぼらしい家に住んだ。

（福元大輔）

49

軍で経理 命令書も発送

浦崎貞子さん
(89歳)

2012年12月16日掲載

国頭村に向かう兵士たちと同じトラックに乗せてもらえた帰り道。中南部から北部へ避難するたくさんの人の列が続いていた。

1938年、本部町の謝花尋常小学校高等科を卒業後、進学するお金もなく、14歳で先輩たちについて行って、三重県の紡績工場に就職した。布を織る工場で3年半働き、沖縄に戻ることを決意し、大阪から沖縄行きの船を探した。

戦争の色が濃くなる中、上等な船はすべて軍に取られている状況。少ない便数にたくさんの乗船希望者が殺到し、全く乗船券が手に入らなかった。親戚の家にお世話になりながら、1カ月後に、都合が悪くなり乗れなくなったという人からチケットを譲ってもらい、やっと船に乗れた。

貨物船のような船で、米軍に見つからないようにするためか岸沿いを隠れながら進んだこともあり、就職時には那覇から船で一昼夜で神戸まで着いた距離を、帰りは5日間もかかった。

軍属扱いで厚遇

44年3月、いとこの紹介で、読谷飛行場建設を手掛けていた國場組の建築事務所に経理の助手として働いた。

しばらくして、那覇にあった日本軍の航空地区司令部が読谷村に移転するということで、軍から経理の仕事に就くように声を掛けられ、7月から働くことになった。

青柳中佐という司令官がトップの司令部。文書による命令書などの発送も経験した。内容が漏れないように、伊江島飛行場や南部の基地などは「1619」や「1616」などの暗号で書いていた。

経理だったため、みんなの給料も分かった。当時は学校出たて教員の月給25円ほどの時代。トップの司令官は年俸約4500円。一番位の低い2等兵は衣食住がある程度保障されているとはいえ、月給7円50銭しかなかった。

いわゆる軍属扱いだった私は、月給70円余りをもらっていた。この給料で七つ下の弟の学費を出すことができて、本当に助かった。

10・10空襲は読谷村の宿舎で遭遇した。午前7時ごろ、2機編隊で飛行する戦闘機が司令部や宿舎上空を通過し、読谷飛行場や屋良飛行場に次々と爆弾を落としていくのが見えた。日本軍がよく演習していたこともあり、みんな、最初は「また演習かな」と思っていたが、空襲だった。昼前にはけが人もどんどん運ばれてきて、大混乱になった。

家族全員が無事

戦況がいよいよ厳しくなり、45年3月には司令部が南部に移ることになった。

国に尽くすのが当たり前の時代。私は「最後までついていく」と希望したが、逆に「足手まといになる」と言われ、実家のある本部町に戻ることになった。帰るときには米俵や乳酸飲料、たばこなども持たされ、最後まで大変な厚遇を受けた。

国頭村に向かう兵士たちと同じトラックに乗せてもらえた帰り道。中南部から北部へ避難するたくさんの人の列が続いていた。

「何人かをトラックに乗せたい」と思っても、一度トラックを止めると、次々と人の波が押し寄せてしまう状況。止めることもできず、長々と続く人の列を申し訳ない思いで眺めていた。あのときの気持ちは今も忘れられない。

本部町に戻り、両親や妹と再会した。村内の集落や山中などを逃げ回り、何度も危ない目には遭ったが米軍に見つかることもなく、無事に終戦を迎えた。

防空壕での避難生活や食べ物にこそ困ったが、兄や弟、2人の姉も含め家族全員が無事に生き残った。

戦後、突然、米軍に家を追い出され、行き先も教えてもらえないまま、トラックに乗せられたことがある。本部飛行場建設のための強制移住で、名護の大浦崎で、しばらくの間、生活を強いられた。

（浦崎直己）

50 艦砲射撃 次々肉親奪う

喜納昌栄さん
(79歳)

2012年12月23日掲載

具志頭で2番目の姉が艦砲射撃の破片が頭に当たって亡くなった。家族で最初の犠牲者だった。

私は西原村(当時)上原で生まれ育った。米軍が沖縄本島に上陸した1945年4月は、西原国民学校の6年生になる年だった。

3月末に艦砲射撃が始まり、北谷村(同)の海岸から米軍が上陸し、敵が迫っていた。父が防衛隊に招集されていたため、母は2歳の乳児を含め、7人の子どもを連れて北部に避難することができず、家族で上原にとどまっていた。

しかし、米軍が上陸し、私たち家族は親せきと一緒に南部へ逃げることになった。日中は墓の中や森に隠れ、日が暮れると暗闇の中を逃げた。時々、照明弾の明かりを手がかりに逃げたこともあった。ハブに遭遇することもあったが、それより米兵に見つかることが怖かった。

艦砲射撃を避けながら、母の知り合いがいる具志頭村（現在の八重瀬町）に避難した。そこで久しぶりにイモや水をもらって食べた。

最初の犠牲者――

しかし、具志頭で2番目の姉が艦砲射撃の破片が頭に当たって亡くなった。家族で最初の犠牲者だった。具志頭も米軍の攻撃が激しくなり、私たちは必死で米須に逃げた。そこで、父と再会したが、喜ぶ間もなかった。

現在のひめゆりの塔がある辺りの岩陰に隠れていたが、そこでまず、兄が犠牲になった。おなかに艦砲射撃の破片が刺さり、腸がはみ出ていた。兄は1時間ほど生きていたが、水をほしがりながら苦しんで亡くなった。

兄が亡くなり、別の場所に逃げることになった。父が5歳の弟を背負って立ち上がった。すると、父に艦砲射撃の破片が当たって、倒れた。帯を外して弟を救い出したが、父は即死だった。母も艦砲射撃の破片で亡くなっていた。

生き残ったのは、私と2歳下の妹、5歳と2歳の弟になった。しかし、2歳の弟は乳飲み子だったので、母のそばにおいて逃げた。私たちも、どうせ助からないという思いだった。仕方がなかった。

私たちは逃げるあてもなく、南を目指し、摩文仁方面に逃げた。小高い丘に逃げようとすると、日本兵に「ここは軍の偉い人が隠れているからだめだ」と断られた。後で、牛島満中将など軍の高官がいたと聞いた。

摩文仁では、折り重なるようにたくさんの死体があり、その隙間をぬって逃げた。私たちはアダンが生い茂った場所に隠れていた。そこでは、「天皇陛下万歳」と叫んで、崖から海に飛び降りる人も見た。

大人たちが、北部に逃げると言って具志頭方面に移動したが、米軍がいるので、すぐに戻ってきた。逃げ場所を失った私たちは、摩文仁で米軍の捕虜になった。そのころには死体を見ても怖くないし、涙も出なかった。

収容所で弟も――

捕虜となり、私たちは、最初、佐敷村（現在の南城市）仲伊保に連れて行かれた。その後、玉城村（同垣花に移動させられ、いとこと再会し、馬天港から戦車揚陸艇に乗せられ、久志村（現在の名護市）嘉陽の収容所に連れて行かれた。私たちは「どこで殺されるのか」と不安だったが、ひどい扱いを受けることはなかった。

収容所には2年ほどいたが、そこで、5歳の弟が栄養失調で亡くなった。結局、家族で生き残ったのは本土にいた長姉を含め、私と10歳の妹だけだった。

この年になると、両親やきょうだいが生きていたら、みんなも楽しい生活を送れたのにと思うようになった。亡くなった家族のことを考えると涙が止まらない。二度と戦争をしてはいけない。苦しみ、悲しい体験は私たちで終わりにしてほしい。


（平良吉弥）

51

壕出され 銃弾で子失う

宜野座トヨさん
(89歳)

2012年12月30日

息子に会いたくて会いたくて。どこに埋葬されたかも分からないのに息子の所に行こうとしていた。動けない体で地面をはった。

1944年の初めごろ、真壁村（現糸満市）新垣に山部隊や竹部隊など日本軍がどっと入ってきた。集落の民家は、みな兵隊の宿泊所などに使われた。かやぶきで小さかった私たちの家は、弾薬が山積みにされた。

夫は出征し、私は2歳の長男を背負って軍の炊事作業や弾薬運び、敵戦車の進入を防ぐために土や石で高く積み上げる作業をした。軍に行けない女や年寄り、子どもも働いた。

屋敷に夫が掘りかけた小さな壕があったが、艦砲が激しくなり、45年3月ごろには居られなくなったので、しゅうとの親戚の大きな壕に入れてもらった。

4～5日ほどそこに居たが、突然、日本兵が「軍が使う」と追い出しに来た。入り口近くに居た私たちは先に出された。10人ほど居た親戚は「行く所がない」と出るのを拒んだので砲弾を撃ち込まれ、全滅したと後から聞いた。私たちは悔やんでも、どうにもできなかった。

爆風で吹き飛ぶ――

壕を出て逃げる途中、艦砲の破片がしゅうとの大腿部《だいたい》を貫通した。私は息子を背負いながら動けないしゅうとも抱え、逃げるのに必死だった。屋敷の壕に3人で入ったが、艦砲が激しくなり、毎晩の水くみや芋を探すのも大変。1日1食も当たらない時もあった。息子は魂が抜けたのか、泣きもしなかった。

爆弾にやられたのは、息子たちにおかゆでも作ってあげようとした時。屋敷近くの石垣の片隅で準備していると、背負っていた息子が煙でむずがったので、屋敷の大きな木の下に離れたら、すぐ側に落ちてね。爆風で2人一緒に吹き飛ばされた。

屋敷は少し高台にあって、そこから何メートルか下に落ちたらしいけど、覚えていない。気づいたら小さな壕に寝かされていた。

下の家に宿泊していた兵隊の知らせで、母が連れ帰っていた。私は爆弾の破片が頭や肺などいろんなところに刺さり、2～3日は意識も無い。息子も助かったが、足の骨まで破片が刺さっていた。いっぱい。泣きもしなかった。

壕の中では寝るといっても、3人で座り寝。そんな小さな壕でさえ、日本兵が機関銃壕にするから――と、また追い出した。

集落は灰の海に――

行く当てもなく3人で石垣の片隅に居ると、追い出された壕も艦砲が直撃。もう逃げ場を探す気力もない。心も体もみな死んでいた。母が見るに見かねて自分たちの壕に入れてくれた。

歩けるようになって、母と水くみに出ると、集落はもう全部やられて灰の海だった。井戸へ向かう道には、手も足も頭も吹き飛んだ死体で通れないほど。住民も、兵隊も、いっぱい。

6月23日ごろ捕虜になったようだが、覚えていない。その前の日ごろ、米兵が壕にガス弾を撃ち込んだ。大勢が亡くなり私たちも苦しくて壕近くでもがきあえいだ。そこへ銃弾が降り注ぎ、私も息子もみな直撃。着物も下着も焼けてぼろぼろ。裸同然で倒れていたのを助けられ、その後に捕虜になっていた。

知念村（当時）志喜屋に収容された時、静かだったので目を開けると周りに誰も居なかった。息子を失ったことに気づき、狂った。苦しくて、わめいた。

母や友達が慰めに来てくれたが、息子に会いたくて会いたくて。どこに埋葬されたかも分からないのに息子の所に行こうとしていた。動けない体で地面をはった。水も何も与えず、足には破片をめり込ませ、ガスを吸わせてしまった。それでも息子は生きてくれたのに…。苦しかった。

「沖縄県民は全滅してもいい。軍隊が戦争するから」と、日本兵に言われたこともある。沖縄の人を人間とも思ってなかったんでしょう。沖縄にはまだ基地がある。戦争が始まるのが怖い。沖縄は日本のため、質に入れられて犠牲になった。沖縄を犠牲にして今の日本がある。犠牲にされるのはもうたくさん。


（新垣玲央）

52

病弱の母連れ逃げ惑う

長浜ヨシさん
（84歳）

2013年1月6日掲載

「デテコーイ」と米兵が壕の中に銃口を向け、叔母たちが、次々と外へ出た。壕の中に私と母だけになると、母は「もう誰もいない」と手を広げて私を守ろうとした。

私は1943年3月、読谷山尋常高等小学校を卒業してすぐに、日本軍に飛行場を建設するために駆り出され、ダイナマイトで爆破され粉々になった岩を運んだり、壕を掘ったりした。

父や兄は出稼ぎでフィリピンに行き、次女は大阪。家族で座喜味の実家にいるのは病気がちな母と長女とその息子だけ。貧しくて新聞を購読することはできず、情報はない。だから、まさか戦争のために飛行場をつくっているとは思いもしなかった。

44年10月10日、私は朝7時ごろ、用事で近くにある知人の家にいた。すると、「ゴー、ゴー」という音とともに、4機編隊で黒い飛行機が飛んできた。

屋根すれすれで、操縦士の顔も見えるくらいの低空飛行。演習かと思っていたら､日本軍の兵隊が｢敵だぞー。逃げろ」って叫んだので、家の軒伝いに必死で自宅へ逃げた。それからは家と親戚の家の壕に隠れながらの生活だった。

6畳間10人生活――――

45年3月23日から空襲が激しくなり、25日には辺土名へ行くことになった。

いとこが引っ張る馬車馬に母を乗せて、みそと塩、ざる1杯だけの田芋を持って3夜、歩き通した。

辺土名に着いて、便所に行っている間に田芋は全部盗まれ、6畳間くらいのかやぶき小屋に10人くらいで身を寄せた。夕方、山の上から青いかずら（芋の葉）がある所を見定めて、夜に採りに行った。

4月中ごろ、「パラパラ」と機銃のような音が近づいてきて、私たちは壕に逃げた。米兵を初めて見た時だった。

「デテコーイ」と米兵が壕の中に銃口を向け、叔母たちが、次々と外へ出た。壕の中に私と母だけになると、母は「もう誰もいない」と手を広げて私を守ろうとした。

結局、外に出た私たちは、米兵に連れられて山の下へ降りた。捕虜になるのかと思っていたら、車が足りなかったのか、米兵に「帰りなさい」と追い返された。

助かったけど、逆にそれからがつらかった。病気を抱える母もつえをついて歩き、保存してあった馬の肉を少しずつ食べた。読谷にたどり着くと信じて、足の向くままに歩いた。

遺骨掘り起こす――――

東海岸へ渡った後、5月、宜野座村で捕虜になった。私は野戦病院で働かされた。大型トラックの荷台に足のない負傷者がたくさん積まれてきた。毎日、亡くなる人がいたけど、その辺に土を掘って、そのまま埋められるだけだった。私の母も、そこで亡くなり、同じように埋められた。

私が19歳になり石川の収容所にいたころ、兄と次女がフィリピンや大阪から帰ってきて、母の骨を掘り起こした。親戚が気を利かせて石を置いていたので、どこにいるか分かった。

避難する前はほとんど家で寝ていた母が途中で息絶えることなく、宜野座まで避難することができたのは不思議で、ある意味では良かったと思うよ。

私は母の手伝いをできなかった。しようと思った時には、母はいない。戦争は何があってもやってはいけない。今の世の中を見ていると、また何か起きそうな気がしてならない。平和な世の中が続くように、母の仏壇にお願いしているよ。

（大城大輔）

53 宮崎へ疎開 飢えに苦しむ

吉長初子さん
(82歳)

2013年1月13日掲載

1944年8月26日、浦添の仲西国民学校の高等科1年だった私は学童集団疎開として、潜水母艦「迅鯨《じんげい》」に乗り込み、那覇港から鹿児島港を目指した。

学童は全員で87人。当初は5学年だった弟の加清と妹のツル子の双子きょうだいを疎開させる予定だったが、母から「2人の面倒を見てほしい」と頼まれ、一緒に行くことにした。

屋富祖にある実家は瓦屋で、兵隊さんが寝泊まりしていた。「私たちが守ってやるから、疎開なんか行く必要がない」と言っていた。当時、負けるなんて思っていなかったからね。どうせすぐに帰ってこられると思っていた。旅行へ行くような気分だった。

親類が迎えに来てくれたが、沖縄に残っていた母と兄がいない。どこへ行ったか問うと「畑へイモ掘りへ行っている」との返事。亡くなったんだとすぐに分かった。

大人たちは米軍に攻撃される恐れがあったことを知っていたのか、船の中では荷物をまとめ、浮袋をつけてすぐ避難できるようにしていた。食べ物は乾パンをかじる程度だった。

出港した翌27日、米軍潜水艦から魚雷の攻撃を受けた。恐怖でひやひやし、死ぬ覚悟を決めた。しかし、かろうじて沈没せず、鹿児島へ到着することができた。撃沈された対馬丸の悲劇を考えると、幸運に恵まれていたと思う。

1日1食の雑炊

市内の旅館に数日間、宿泊した後、汽車だったと思うが、宮崎県の小林国民学校へ向かった。学校職員や児童たちの盛大な出迎えを受け、うれしかった。

宿舎は学校内にあった。宮崎の人たちが服を準備してくれ、とても助かった。私は主に炊事の手伝いをした。配給があったが、食事はほとんど雑炊。1日に1食分くらいしかなく、毎日おなかをすかせている状態だった。

遠足に行っても、弁当は形だけ。中はほとんど入っておらず、宮崎の子どもたちが果物などを分けてくれた。とても良くしてもらったし、本当にうれしかった。

それでも栄養失調になる人が続出した。引率の大人たちは農家へ出向き、野菜を買い集めるなど、食料の確保に駆け回っていた。飢えをしのぐのにやっとだったが、戦争中だからぜいたくはできないと思っていた。

そのうち、男の子たちが泥棒をするようになった。おなかがすいて仕方がないからだが、その影響で宮崎の人と仲が悪くなってしまった。

冬になると寒さで震えた。トイレが遠く、お漏らしする子もいた。手を洗うと水が冷たくてかじかんだ。

結局、宮崎で2年2カ月間過ごし、小林の国民学校を卒業した。終戦を迎え、「沖縄へ帰ろう」となって喜んだが、取り消され、終戦から1年が経過した46年8月に沖縄帰還命令が出た。

母と兄に会えず――

11月に無事、那覇港へ到着。当時、沖縄は激戦だと聞いていたが、それ以外のことはほとんど知らなかった。トラックで久場崎収容所（中城村）へ連れていかれたあと、浦添の仲間収容所へ向かった。

親類が迎えに来てくれたが、沖縄に残っていた母と兄がいない。どこへ行ったか問うと「畑へイモ掘りへ行っている」との返事。亡くなったんだとすぐに分かった。

自分の命こそ助かったが、戦争は多くのものを奪った。今の沖縄の発展は多くの人が苦労して築き上げたもの。それを忘れてはならない。

（下里潤）

54 空襲逃れ家族で山中に

島袋妙さん（84歳）

2013年1月20日掲載

あの時見たのは、義兄だったのではないか。特攻前、故郷に最期の別れを告げに来たのだと思う。

私が17歳のころには、日本軍が辺野古の集落にも来ていた。米軍が沖縄に上陸する1年前ぐらい。女性と徴兵されなかった年配の男性たちが、山から木を切り出し、運搬する仕事に徴用された。20～30人が、朝7時ごろから午後5時ごろまで、日本兵と一緒に久志の「南明治山」や辺野古の「北明治山」で作業した。

作業のため、日本兵と一緒に移動している時、海の方に戦闘機が見えた。3機ずつ編隊を組んで、次々に。日本兵は友軍だと思ってタオルを振っていた。でも、後で名護湾が空爆を受けたと聞き、驚いた。「10・10空襲」だったんだね。怖くなって、しばらくは家から離れた川の方に隠れていた。

木を切り出す作業は半年ぐらい続いた。松をトラックに載せて、今のキャンプ・シュワブの海に運んだ。日本兵は桟橋を造ると言っていたが、いかだのようなもので、海に浮かべていただけ。結局、桟橋は完成せず、何をするつもりだったのか分からないが、米軍の戦力を考えれば、日本軍のやり方は無謀だったと思う。

住民団結し消火――

年が明けて、空襲が激しくなってきた。集落の家は、ほとんどが茅《かや》ぶき。少しでも火がつくと、集落に広がってしまうので、若い女性約10人と男性たちが、すぐに消火活動ができるよう、集落近くの壕に隠れて見張っていた。男性は火がついた茅を落としたり、女性はバケツリレーで海水をかけたりした。

ある日、壕で待機していたら、すごい爆発音がした。外に出てみると、壕の近くにあった赤瓦の立派な家が跡形もなく吹き飛ばされていた。もう、みんな怖くなって、集落から離れ、個別に避難することになった。1キロぐらい離れた山の中に避難小屋があり、母や妹、弟、親戚が隠れていたので、私もそこに向かった。幸い、食料などを蓄えていたので、何とか命をつなぐことができた。

父は米軍の上陸直前に徴兵された。本部・八重岳の戦闘は生き残ったが、辺野古に帰る途中に戦死したようだ。羽地までは目撃者がいるが、そこから消息が分からない。42歳だった。

特攻前の義兄か――

5月25日、畑から麦を取るため、山を下りたところ、日本軍の特攻機1機が辺野古の集落を低空飛行し、南の方に消えていった。戦後、結婚して知ったが、夫の兄は特攻機のパイロットで、命日が5月25

日。辺野古出身のパイロットは限られていて、あの時見たのは、義兄だったのではないか。特攻前、故郷に最期の別れを告げに来たのだと思う。

6月には集落に戻った。茅ぶきの親戚の家が1軒だけ残っていて、身を寄せた。

戦闘は終わっていたが、ある日、4人の日本兵が集落に食糧をもらいにやってきた。それが米軍に知られたのか、しばらくして米兵20人ぐらいが集落にやってきた。朝方、家から銃の音が聞こえたので、撃たれたのだと思う。将校だったから捕虜になるのを拒んだのかもしれない。

それから約1週間後、日本兵が1人やってきたが、その人は捕虜になった。人の運命は分からないものだと感じる。

二度と戦争を起こしてはいけない。若い人たちに平和な世の中をつくってほしい。沖縄には今でも多くの米軍基地が残っている。基地の存在が戦争につながるし、これ以上、新たな基地は造ってほしくない。基地を返還し、若い人たちが働く場所を生み出してほしい。

(長浜真吾)

55

背後の父 艦砲で亡くす

伊波秀雄さん
（82歳）

2013年1月27日掲載

北へ北へ追い詰められた。絶壁から海に飛び込む人もたくさんいた。父が死んだ翌日、飛び込むのはやめようと家族に言ったら、だれも反対しなかった。

「早く沖縄に帰ってくれ」と言うのが父の最後の言葉だった。父は地獄はサイパンだけで、沖縄は平和だと思い込んでいたんだ。

１９４４年７月、島の北のバンザイクリフ近くのバナデル海岸で艦砲射撃を受けた。家族みんなで岩陰に隠れていたら、すさまじい音がしてイシグー（石粉）が飛び散る。何が起こったのか分からない。しばらくして周りが見えたと思ったら、背中合わせの父が艦砲の破片で左脇腹と右目をやられていた。

出血多量で「水を飲みたい」と言う。山の中を逃げるのが精いっぱいで、１週間ぐらい飲まず食わず。植物の実をかじってしのいでいた状態だったが、父に何か飲ませようと探し回った。ようやく見つけた泥水を汲《く》んで戻ったら、父はもう冷たくなっていた。

翌日、母や弟、妹、家族全員が捕虜になって命拾いした。あと1日あれば父は死ななかったのにと思うと、悔しくてならない。埋葬する時間もなかった。

地獄の避難生活

父の蒲良と母カナは二人とも美里村字石川(現うるま市)の出身。新婚の19年、開拓移民として南洋興発に雇われて、サイパンに移住した。兄や私、弟、妹のきょうだい6人はみんなサイパンで生まれ育ったよ。

三つ上の兄は南洋庁サイパン実業学校に進学した。カーキ色の制服に、足はゲートルを巻いて革靴。格好良くてあこがれていて、私も同じ道を歩もうと思って受験した。

口頭試験は教育勅語の暗唱。「朕惟《おも》フニ…」と頑張ったんだが、すごく緊張していたんだと思う。途中で詰まってしまった。受験者の半分ぐらいと合格率は低い。合格発表に自分の名前を掲示板で見つけた時は、何とも言えない喜びで、ほっとした。

だが、いざ入学したら、校舎は軍部に接収されていて、僕らが通ったのは実習農場。日本軍の滑走路を造る重労働にかり出されて、ほとんど勉強しなかった。

入学3カ月後。友達3人と学校からの帰り道、製糖工場近くの南興桟橋で泳いで遊んでいたら空襲警報が鳴った。あわててぬれたまま服を着て林に逃げ込んだ。家に帰れたが翌日に米軍が上陸。1カ月の避難生活が始まった。

昼間は洞穴に潜んで、艦砲をやり過ごし、夜になると闇にまぎれて別の洞穴を探す。艦砲の威力は大変なものだ。木の枝から人間の太ももがぶら下がっていたり、一緒に逃げている人の服の背中が破れていると思ったら、実はえぐり取られた肉が垂れ下がっていたり。言葉では言い表せない。地獄だった。

宮森小も「戦場」――

父親が亡くなる前の日。夜明け前に日本兵4、5人が洞穴に入ってきた。「島を守るのは軍隊だ。お前ら民間人は出て行け」と銃を向けられ、追い出された。あの洞穴にいたら、父は死ななくてもよかったんじゃないかと思う。

北へ北へ追い詰められた。絶壁から海に飛び込む人もたくさんいた。父が死んだ翌日、飛び込むのはやめようと家族に言ったら、だれも反対しなかった。戦車砲に追われながら逃げた先に、米兵が待ち構えていて捕虜になった。

沖縄に引き揚げたのは46年2月。母は25年ぶりに帰った故郷も戦争でやられた様子を見て、涙していた。

生まれてきた最大の値打ちは生きることだ。命の大切さを教えようと教員になった。石川高校に赴任した新米のころ、息子2人が通っていた宮森小学校にジェット機が墜落した。

息子の安全確認と現場の救援で宮森に駆け付けたら、火だるまになって走ってきた女の子が目の前で倒れた。サイパンと同じでまったくの戦場だった。

戦争は残酷で惨め以外はない。人間、価値観はそれぞれ違っても、命あってのものだ。

（吉田伸）

56

犬猫のように食料探す

呉屋善孝さん（82歳）

2013年2月10日掲載

本当に哀れで、人間が住む所じゃない。地獄ですよ。機関銃で足を撃たれた父も収容所で亡くなった。

生まれは旧大里村（現南城市）福原。戦時中は、大里第一国民学校の生徒だった。学校では手旗信号や銃剣術の訓練をしたり、音楽でも軍歌ばかり歌っていた。私も軍国少年で、教官に質問されるときに備えて五箇条御誓文や教育勅語は暗記した。今でもそらんじることができるよ。

1944年には沖縄にも数万の日本軍が駐屯するようになり、私たちの学校も竹部隊が接収し宿泊所になった。私は高等2年になっていたが、陣地構築に動員されるようになり授業もできなくなった。

45年3月23日から米軍の空襲、24日からは艦砲射撃が始まり、私たち家族4世帯15人はすぐに実家のそばにあった防空壕に入った。戦争で弾が飛んでくるのは兵隊のいる前線だけだと思われがちだが、食料や弾薬を補給する後方の基地も同時に狙われる。南部は第24師団が配備されていたから、3カ月も激しい戦闘が続いた。福原の陣地も当然狙われた。

軍備がなければ、こんなひどい戦場にならなかったはずだ。基地がないほうが安全で平和というのは本当だよ。

人でなくなる——

忘れられない光景があるよ。壕で隠れていたある日、2機の米軍機が近くで撃墜された。弾が飛んでこない夕暮れ時に、当時73歳だった祖父と一緒に様子を見に行くと、5人ぐらいの日本兵が焼けこげた機体の外に投げ出された米兵の死体を取り囲んでいて、銃剣で死体を何度も何度も刺していた。

祖父は「兵隊さん、死んでいる人を2回も3回も殺すのか」と止めようとした。すると兵隊の1人が「戦友は毎日こいつらに殺されているんだ」と怒鳴り返した。祖父を見ると、涙を流していた。「敵味方といっても人の命なのに」と思ったんじゃないかな。戦争は、人が人でなくなるんだよ。

壕で縮こまっているのを嫌った祖父は数日で自宅に戻ってしまい、日中の機銃掃射を受けて屋敷のそばで亡くなっていた。右腕が吹っ飛んで皮だけついていて、足の付け根の方までめちゃくちゃになっていた。左手は地面の土を強くかいた跡が残っていた。即死できず、しばらく苦しんだのだろう。隣の壕の叔父さん一家も米軍の攻撃で壕入り口がふさがり、爆煙を吸って5人が亡くなった。

米軍の進撃を受けて日本兵はより南方への避難を勧めたので、5月29日に壕を出て、南部の山野をさまようことになった。岩の割れ目に身を隠し、田んぼをはいつくばり、雨でずぶぬれになりながら歩いた。夜は犬猫みたいに目をぎらつかせて畑などで食料を探した。

捕虜後も地獄——

6月20日に玉城で捕虜になり、収容所に行くことになった。だが終戦間際に捕虜になると、南部の収容所がどこも満員になっていた。

私たちは与那原からLST(上陸用舟艇)に家畜のように押し込まれて辺野古に運ばれ、そこから二見の収容所に行った。飲まず食わずで3カ月逃げ回っているから、皆がりがりな哀れな姿だった。食料も十分でなく、テントで竹の葉を敷いて眠った。本当に哀れで、人間が住む所じゃない。地獄ですよ。機関銃で足を撃たれた父も収容所で亡くなった。激戦を生き延びたはずの島尻の人間の多くは、北部でも相当の数が亡くなっているんだ。こうして話す前は、死んだ人たちの顔も思い出して3日間、寝られなかった。心の痛みは今でも消えない。

(又吉俊充)

57

米軍の指示で死体処理

安里一三さん（80歳）

2013年2月17日掲載

島尻でバンバン戦争やっている中、大里桃原では米軍は大きな冷蔵庫を運んできて肉や物資がたくさん入っていた。

戦争で喜舎場集落（北中城村）の人はそんなに多くは亡くならなかった。米軍上陸後に早く捕まったのが良かった。僕は上陸翌日の4月2日に捕まった。

戦争が近づいてきたなと感じたのは喜舎場国民学校5年生のころ。動員されて北飛行場（読谷村）を造りにいった。喜舎場から歩いて1時間以上かかったと思う。北飛行場はもともと畑だった。サトウキビも野菜もあったと思う。バーキグヮー（ザル）で土を運んでどんどん埋めていった。

軍が学校を占領してしまったから、当時はもう勉強どころじゃなくなっていて、学校には行かなくてもよくなっていた。一応、公民館で勉強することにはなったけど、丈夫な男の人たちはみんな兵隊に取られているから、地元には年寄りと子どもしかいない。僕らは食糧の確保に必死で畑を耕した。ひもじかったね。たくさん食べたかったが芋しかない。といっても今のようなおいしい焼き芋じゃないよ。水っぽくてジャカジャカしていた。

亀甲墓に隠れる——

僕は8人きょうだいの3番目。僕の下はみんな母親が連れて熊本県の天草に疎開した。父は郵便局長なので地元に残っていた。校長や巡査、郵便局長は地元に残るんです。指導的立場だから。

母親は疎開したくなかったが、父は疎開を奨励する側。だから「行く」「行かない」といつも夫婦げんかしよった。母と弟妹が乗った船と一緒に疎開したのが対馬丸。夜中にやられていくのを甲板で見たと後から聞いた。

僕は父のいとこの本家に子がなくて養子に出された。さびしかったな。養父は50代だったので、戦争に取られるのは免れた。1945年になると養父母と3人で集落の西側にあった亀甲墓に逃げた。厨子《ずし》甕《がめ》を全部出して墓に隠れて、必要なものがあれば家へ取りに帰る。そのうち、空襲で家は燃えた。

3月になると、海は見えないぐらい米軍の船だらけになった。今の「あやかりの杜」の丘から北谷の海をのぞくが水平線も見えない。墓も危ないと言われて岩の間の洞穴に移動した。

艦砲射撃が始まると頭上をヒュー、ヒューーって音がする。どこに落ちたか分からないが、夜に見る弾は真っ赤で花火のようだった。

圧倒的な物量差——

4月1日はとてもよく晴れた日だった。翌日にはもうすぐ捕まったよ。洞穴で3家族15人ぐらいで身を寄せていたら、アメリカーが1人だけ入ってきた。

誰かが「タックルセー」（やっつけろ）と言ったが、ビクビクしてだれも返事をしない。本当にヒージャーミー（ヤギの目）のように青いなあと思ったら、武器を持っていないかと一人一人体を触られて外に出された。外には別の米兵が2、3人待っていたから、タックルしてたら、生きてられなかったなと身の毛が逆立った。

大きなGMCトラックに乗せて越来や具志川に連れられた後、しばらくは大里桃原（現沖縄市）のかやぶきの民家にいた。

米軍の仕事で中城城跡に連れていかれて死体を処理した。20人ぐらいの死体が転がっていた。僕は13歳で最年少で、作業したのは10人ぐらい。暑い時季だから体が膨張していてね。米兵からアルコールを含んだ脱脂綿を渡されて鼻にあてたが、それだけではどうしようもないくらい臭いがきつかった。

次の仕事は近くでテントを張っていた米兵の雑用。島尻でバンバン戦争やっている中、大里桃原では米軍は大きな冷蔵庫を運んできて肉や物資がたくさん入っていた。米兵はパンを作ったり、氷入りのレモンジュースを飲んだりしていた。子ども心に無謀な戦争だったんだなと感じた。

（吉田伸）

58 夜の海岸沿い　弟妹葬る

大浦よし子さん（88歳）

2013年2月24日掲載

島の対岸の宮古本島の島尻海岸から、海上すれすれの低空で敵の飛行機が近づいてきて、まるで雨が降るように「バラバラバラ」という音を立てて機銃を撃ってきた。

宮古本島から少し離れた大神島で生まれ育った。家族は両親と6人きょうだい。自分が最年長の長女で弟3人、妹2人がいたが、沖縄戦時の大神島への空襲の機銃で、小学3年生の次男と小学1年の三女が亡くなった。

戦前の大神は畑で野菜や芋を作り、魚を捕って暮らす生活。島では手に入らない品物は、船で宮古本島の島尻や城辺などに渡って自分たちの食べ物と交換して手に入れた。大神には戦前戦後を通じて日本兵の配備は無かったが、宮古出身の通信員のような人が3人住み込み、島中央の遠見台から周辺を見て島外に伝令や連絡をしていたようだ。

敵機の襲来

戦争の怖さをはっきりと意識したのは21歳の時。宮古島に敵の飛行機が飛んできて、空襲で爆弾を落としたりする様子が見えた。最初は大神島への攻撃が無かったので島の人も意味がよく理解できず、珍しい光景を見ようと木に登って見物したりしていた。

だが、しばらくして大神でも敵機の襲来を受けるようになった。ある日、家の側にあった井戸で近所の数人と水くみをしていたら、島の対岸の宮古本島の島尻海岸から、海上すれすれの低空で敵の飛行機が近づいてきて、まるで雨が降るように「バラバラバラ」という音を立てて機銃を撃ってきた。

自分たちは急なことで驚き、井戸の側にあった木の陰に急いで隠れ、どうすることもできずにじっとしていた。敵の攻撃はしばらく続き、その間、雨のように機銃や爆弾が落とされ、周辺に火花が散った。飛行機がやっと帰ったようなので家に戻ると、家が燃えていた。周囲の人たちも被害を受けて、みんな泣いていた。

戦前には島の住民が学校に集められ非常時の訓練をしていた。敵の飛行機が飛んできたら避難する、家が燃えていたら水をくんで消すなど。だが練習の時と本当の空襲の時はまったく様子が違っていて、結局どうすることもできなかった。

空襲で家族も被害に遭った。次男は機銃の弾が頭を貫通。末の三女は首に弾を受け、2人とも亡くなった。母親も腰を撃たれて動けなくなっていた。どうにか海岸沿いの防空壕に避難したが、家族を失った人々がみんな壕の中で嘆き悲しんでいた。

壕での生活

その日の夜、亡くなった子どもたちを埋葬しようと、攻撃される危険の少ない夜中になって、海岸沿いの別の場所に遺体を置いてきた。「こんな戦争の中だから、自分たちももうすぐ後を追うよ」という気持ちだった。岩の上に遺体を置いただけだった。墓を造ってきちんと供養したのは戦争が終わってからだった。

それ以降は、毎日のように昼間の空襲、機銃での襲来が続いた。被害を避けるため、島人はみんな海岸沿いの防空壕に避難し、昼間はじっと隠れていて、夜中に畑などに行って食べ物を探すという生活が長く続いた。食べ物も、家も、着るものも無い。その時の暮らしは言葉ではどんなに話をしても表現することができない。

数カ月して、戦争が終わったということを人づてに聞いた。まさか自分が生き抜くことができるとは思わなかったが、命が助かったんだとほっとした。だがしばらくは、生活はずっと苦しいまま。今日、明日何を食べるかというような心配ばかりしていた。

子どもや孫にも戦争の話をすることがある。こんな小さな島でも大きな被害を受けてしまう。もう二度とあんな戦争をしてはいけないということを若い人たちにもっと知ってほしい。

（与儀武秀）

59

ヘゴの芽で飢えしのぐ

岸本康司さん（82歳）

2013年3月3日掲載

真部山と多野岳に分かれなさいという指示があった。学徒隊として軍に動員される日だった。私は当時、左膝の関節炎を抱えていた。母親は三中に配属されていた日本兵に医師の診断書を示し、「行かせないでください」と土下座で懇願した。

朝から晩まで軍歌を歌いながら、行軍する。名護の人たちの戦意高揚を目指したのだろう。私たちの子ども時代、ほとんどは絵に描いたような軍国少年だった。

1944年、県立第三中学校に入学した。夏ごろには「敵国の言葉」として英語の授業が禁止となった。学校には宇土部隊が駐屯し、生徒は追い払われた。

授業は公民館やお宮で続けられたが、徐々に作業が多くなった。働き手を兵隊にとられた家の畑などへ割り振られ、草刈りなどを手伝った。

軍の車で本部町満名まで連れ出され、陣地をつくるため、八重岳北側の真部山へドラム缶を運ぶ仕事もあった。

午前9時に出発。2人一組でドラム缶を転がし、午後3時までに戻らなければ、名護まで歩いて帰らなければならなかった。上り坂もあり大変だった。「国のため」と文句一つ言う人はいなかった。

土下座した母

45年4月、2年に進学した直後だった。夜も明けないうちに、現在の火葬場の辺りにあった杉林に生徒らが集められた。真部山と多野岳に分かれなさいという指示があった。学徒隊として軍に動員される日だった。

私は当時、左膝の関節炎を抱えていた。母親は三中に配属されていた日本兵に医師の診断書を示し、「行かせないでください」と土下座で懇願した。

私は非常に行きたかった。国のために何とか働きたい、と思った。しかし、母の訴えが聞き入れられ、家族で名護岳へ逃げた。

親子でつくった避難小屋で過ごし、ヒカゲヘゴの新芽を食べ、飢えをしのいだ。体に付いたシラミをつぶす姿が忘れられない。そんな生活が4カ月間続いた。

戦争に負けたと聞き、覚悟を決めて山を下りた。伊差川辺りで、米兵が待ち構えており、私は捕虜となった。「何歳だ」と問われ、「15歳」と素直に答えてしまった。家族とは離れ、今帰仁村今泊の収容所へ入った。

15歳以上の男性は米軍の作業を手伝った。初めは、兼次港の周辺の民家にひもを引っかけ、小型トラックで引っ張って壊す仕事だった。

次は、本部町の上本部飛行場の建設。つるはしやスコップではなく、ブルドーザー30台がうなりを上げていた。私はブルドーザーの下に潜り込み、泥だらけになりながら油を注した。平たんな土地とはいえ、着工から30日もたたないうちに、完成した。

圧倒的な物量

その後、本部町浜元で野戦病院の軍医、女性少佐の家でハウスボーイを3カ月間務めた。洗濯機があり、四角いせっけんをナイフで削り入れ、衣服を洗った。簡単な仕事をこなし、見たことのないお菓子やおもちゃなどをもらった。

今泊の捕虜収容所では白い飯を食べた。山中での生活と激変したせいか、おなかを壊す人が多かった。

ブルドーザーや白い飯、あふれるほどのお菓子、缶詰…。日米の圧倒的な力の差をみせられ、敗戦をかみしめた。

三中の1年だったいとこは、学徒隊の一人として楕円《だえん》形の爆弾を背負い、米軍の車に突っ込んだと聞いた。母の土下座のおかげで私は助かったと思っている。


（福元大輔）

60 テニアンで玉砕を覚悟

松田朝徳さん
(77歳)

2013年3月10日掲載

島を逃げ回り、最後にたどり着いたのは、カロリナス台地の断崖だった。みんな玉砕を覚悟して集まっていた。そこに着いたとき、サイパンが玉砕したという話が出た。

僕は1935年に、テニアンにあるソンソンという町で生まれ育った。6人きょうだいの次男。島は南国特有の植物が生い茂り、町には商店や住宅が立ち並んだ。自宅近くに桟橋があって、学校帰りにそこから海に飛び込んだり、魚を釣ったりして楽しんだ。

夏休みには姉と一緒に、サイパンに住むおじの家に船で2時間かけて遊びに行った。果物をいっぱい食べ、お土産にもらって帰ってきた。テニアンでは自然に囲まれ、平和で豊かな生活を送っていた。

しかし44年2月に米軍の空襲が始まるようになると、戦争をより身近に感じるようになった。

水求めさまよう――

授業中に空襲警報が鳴ると、学校の運動場にあった防空壕に隠れた。だけど天井もないただの穴の中にいるだけだったので、とても恐ろしかった。

空襲がより激しくなると学校にも行けなくなった。僕たち家族8人は、最初は自宅の防空壕に身を隠していたが、もっと安全な場所、頑丈な防空壕を探して、島の南の山へ向かって逃げた。着の身着のままで、逃げるのに精いっぱいだった。

昼間に行動するとやられるから洞窟に身を潜め、夜暗くなってから住民みんなで別の場所に移った。僕らは町に住んでいたため、地理がよく分からない。ほかの住民たちの後に付いていくだけだった。幼かった僕は「米兵は目が青いから、夜は見えない。だから夜は安心だ」という話を信じていた。

7月、小さな島の周囲を米軍の軍艦が取り囲んだ。隣のサイパンからも攻撃され、海と陸からボンボン弾が飛んできた。

上空を旋回する偵察機に見つかるとすぐに艦砲が飛んできて、それでやられた人もたくさんいた。

艦砲でやられた日本兵は「水をくれ」と大きな声で叫んでいたが、みんな逃げるのに精いっぱいで構う余裕がない。誰も振り向かなかった。死体をまたいで逃げ、牛や馬も焼けただれて真っ黒になっていた。

逃げる途中で食料や水も尽きた。飲み水は家のタンクに雨水をためて確保していたが、戦争で家には帰れない。水を求めて島をさまよった。艦砲射撃で倒れた木にたまっていた水をすすって飲む程度で、本当に苦しかった。

自決せずに投降――

島を逃げ回り、最後にたどり着いたのは、カロリナス台地の断崖だった。みんな玉砕を覚悟して集まっていた。そこに着いたとき、サイパンが玉砕したという話が出た。

米軍はスピーカーで「食料、水もある。殺さないから出てこい」と投降を呼び掛けていた。僕はなぜ米国人が日本語で話しているのか分からず、驚いた。

捕虜になったら殺されると思っていた僕らは、日本軍から手りゅう弾を渡され「信管を抜いて米兵を道連れにするか、自決用に使え」と言われていた。でも、母は「死ぬときはみんな一緒。自決する必要はない」と考え、思いとどまった。

そのとき、ある大人が白旗を掲げて出て行った。周囲の住民も次々と投降していったので、僕ら家族もその後に続き、米軍の捕虜になった。

結局、家族8人ともけがもなく命拾いしたけど、サイパンのおじさん家族6人は、日本兵と行動して全滅した。

テニアンを占領した米軍は飛行場建設を進め、ここから飛び立ったB29が広島、長崎に原爆を投下した、と戦後になって聞いた。

あの戦争は残酷そのもの。何といっても平和が大事だ。

（石底辰野）

地名索引

凡　例

（1）本索引は、本書本文で現れた地名とランドマーク（建物や山など）を抽出し、沖縄戦当時の市町村別にまとめ並列した。そのため、「現在の○○」といって現れた地名は省略した。
（2）戦後数年で分立し現在までその名を残す以下の市町村は、読者の便も考え、例外として地図・索引ともに分けて掲載、あるいは現在の地名を用いている。①宜野座村（1946 年 4 月 1 日に金武村より分立）、②石川市（1945 年 9 月 26 日に美里村から分立）、③嘉手納村（1948 年 12 月 4 日に北谷村から分立）、③北中城村（1946 年 5 月 20 日に中城村より分立）、④与那原町（1949 年 4 月 1 日より大里村より分立）、⑤読谷村（1946 年 12 月 16 日に読谷山村より名称変更）。
（3）前項の事情から、「美里村」が示す範囲は、分離前の「石川市」を含んでいる場合もある。
（4）表記はすべて本文中のものをそのまま掲げたが、沖縄戦当時の市町村に合致しない表記の場合、市町村の表記を省略したものもある（例. 浦添市→浦添）。
（5）1950 年以降に合併した那覇・名護・沖縄・糸満・石垣の各市は合併前の市町村で分けており、そのため合併後にも名称が残った「那覇」「名護」「糸満」「石垣」の語句は、沖縄戦当時の「那覇市」「名護町」「糸満町」「石垣町」の範囲とは必ずしも一致しない場合がある。

北部地域

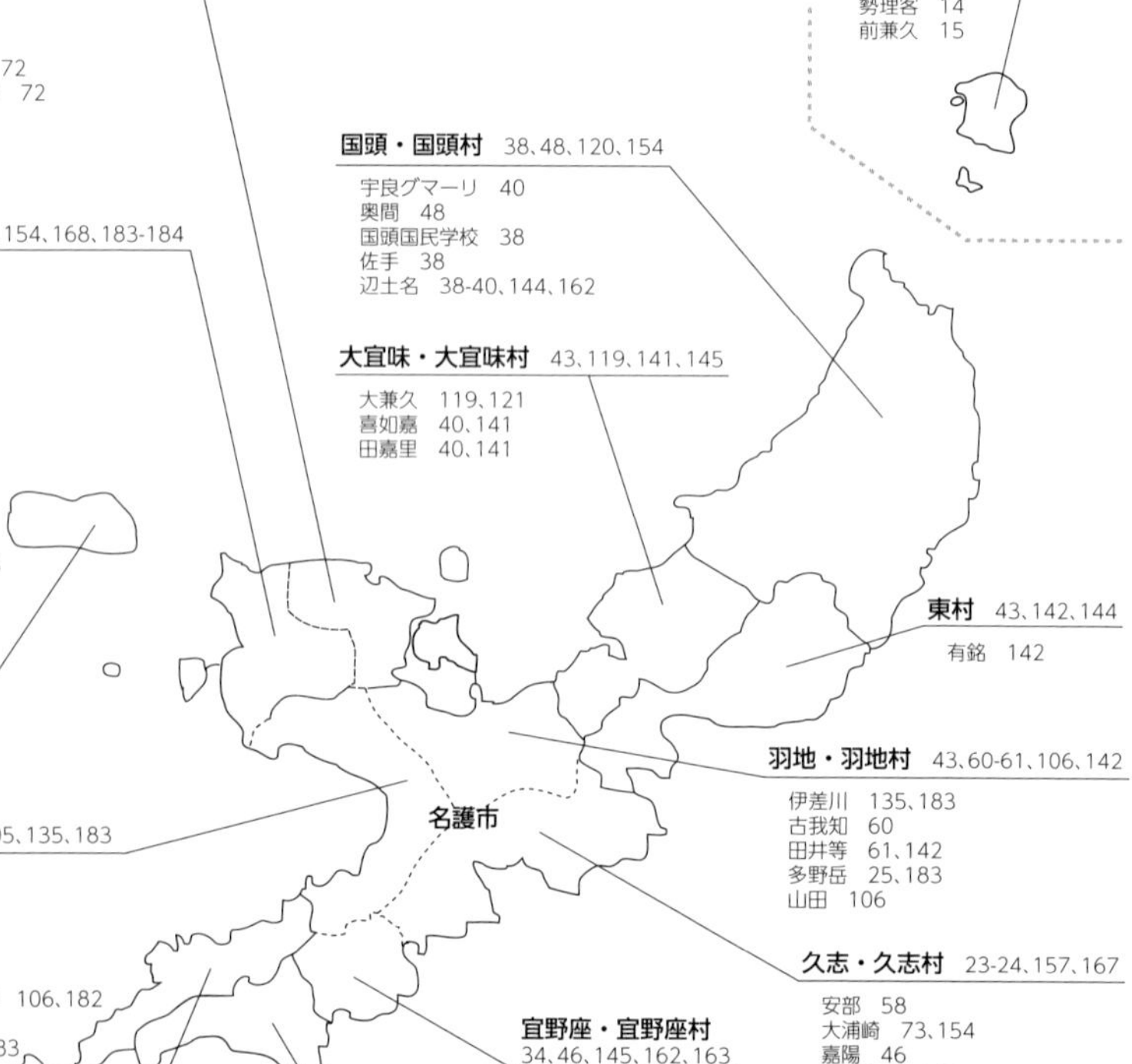

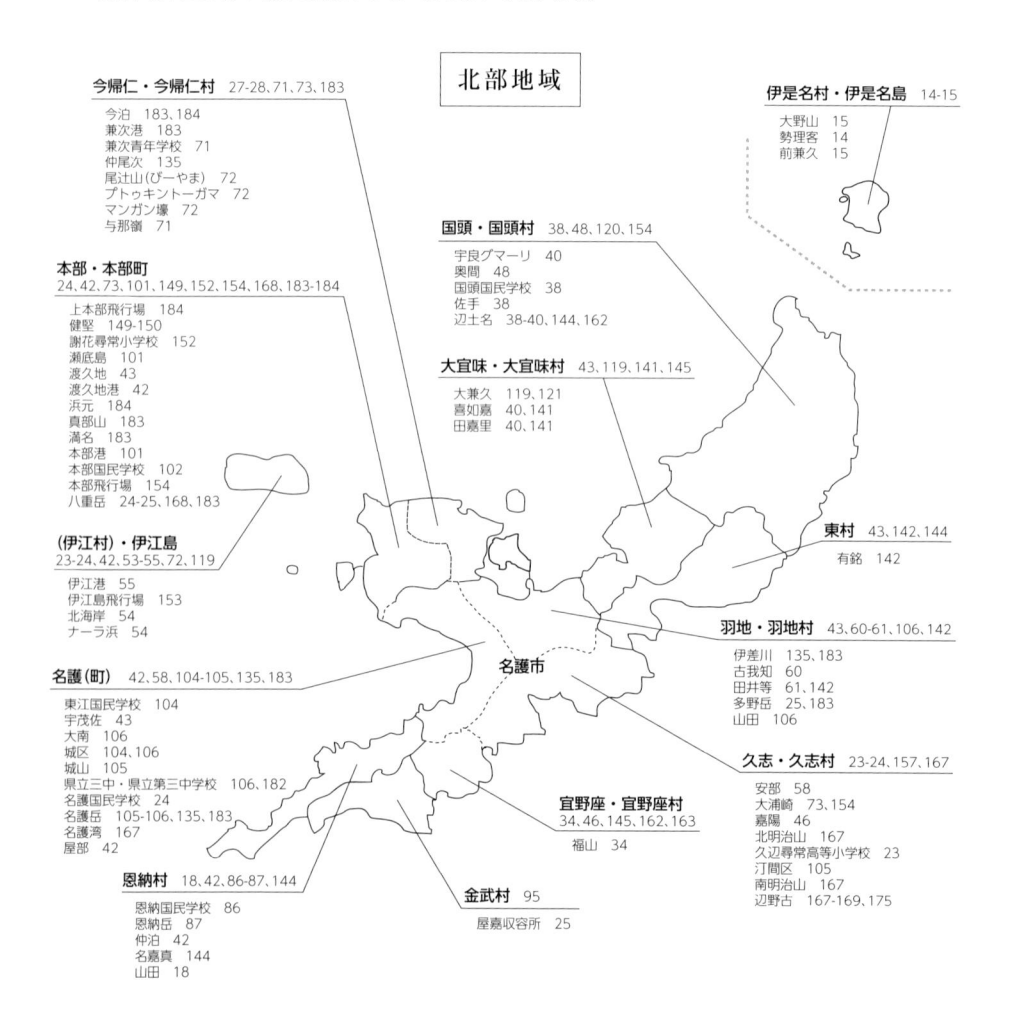

中部地域

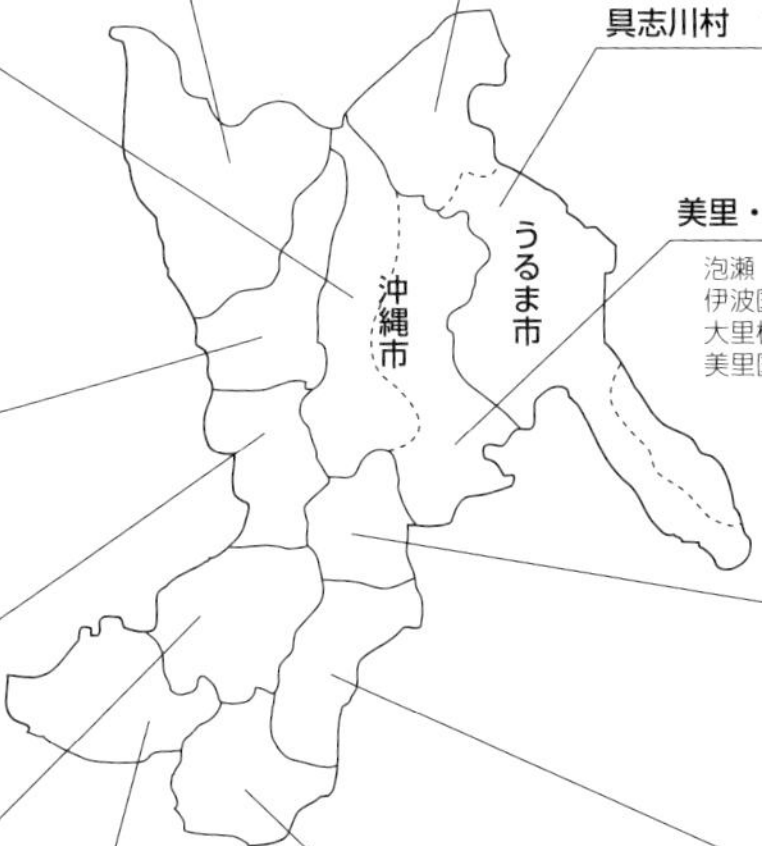

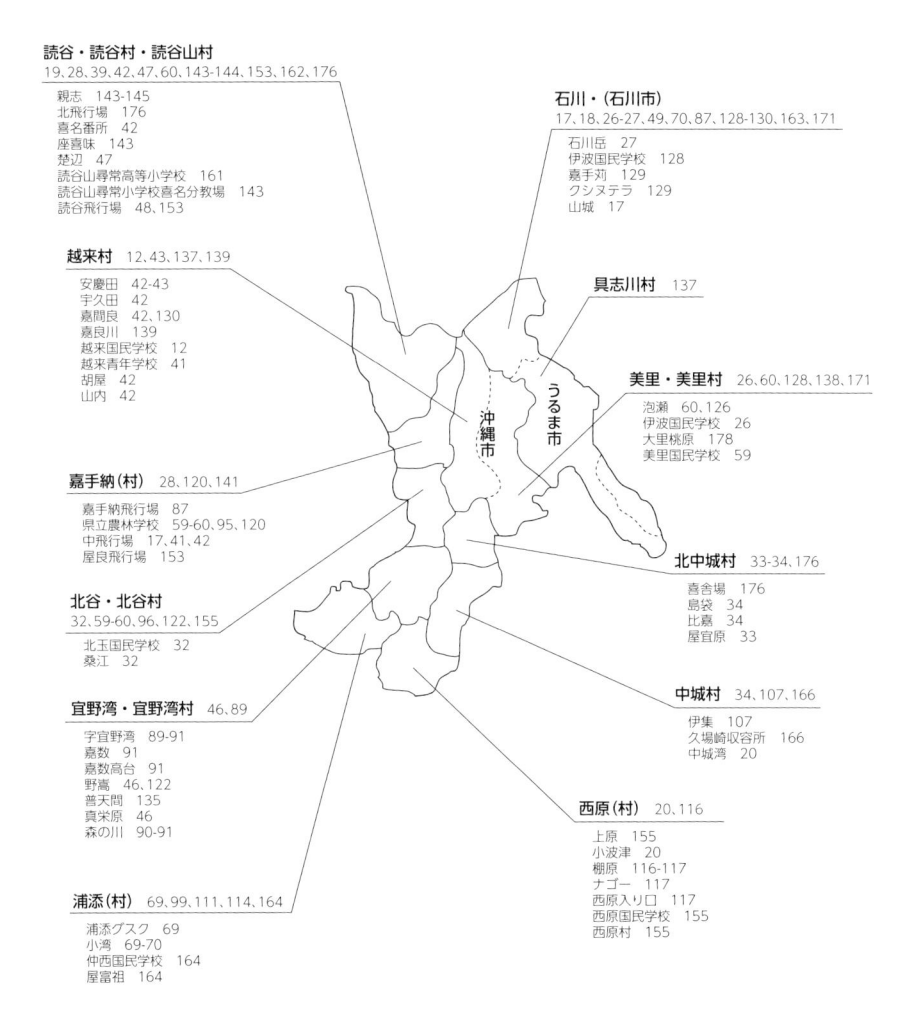

南部地域

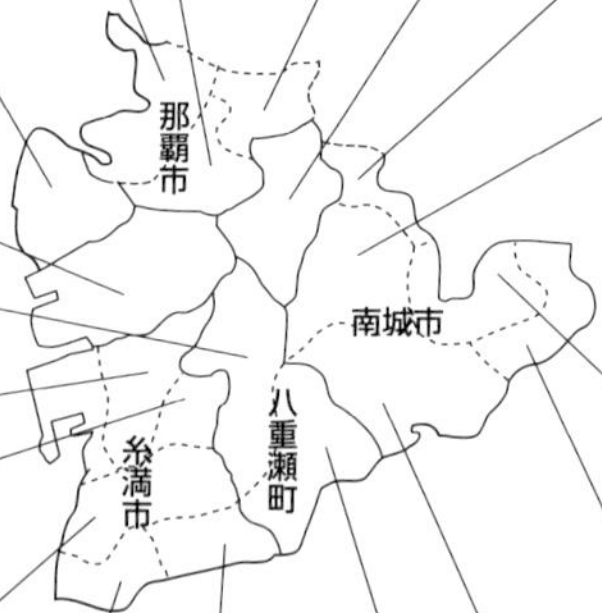

慶良間諸島　108

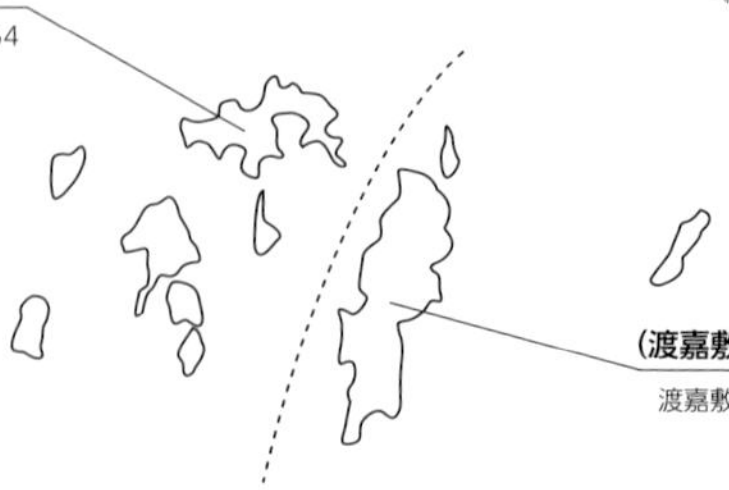

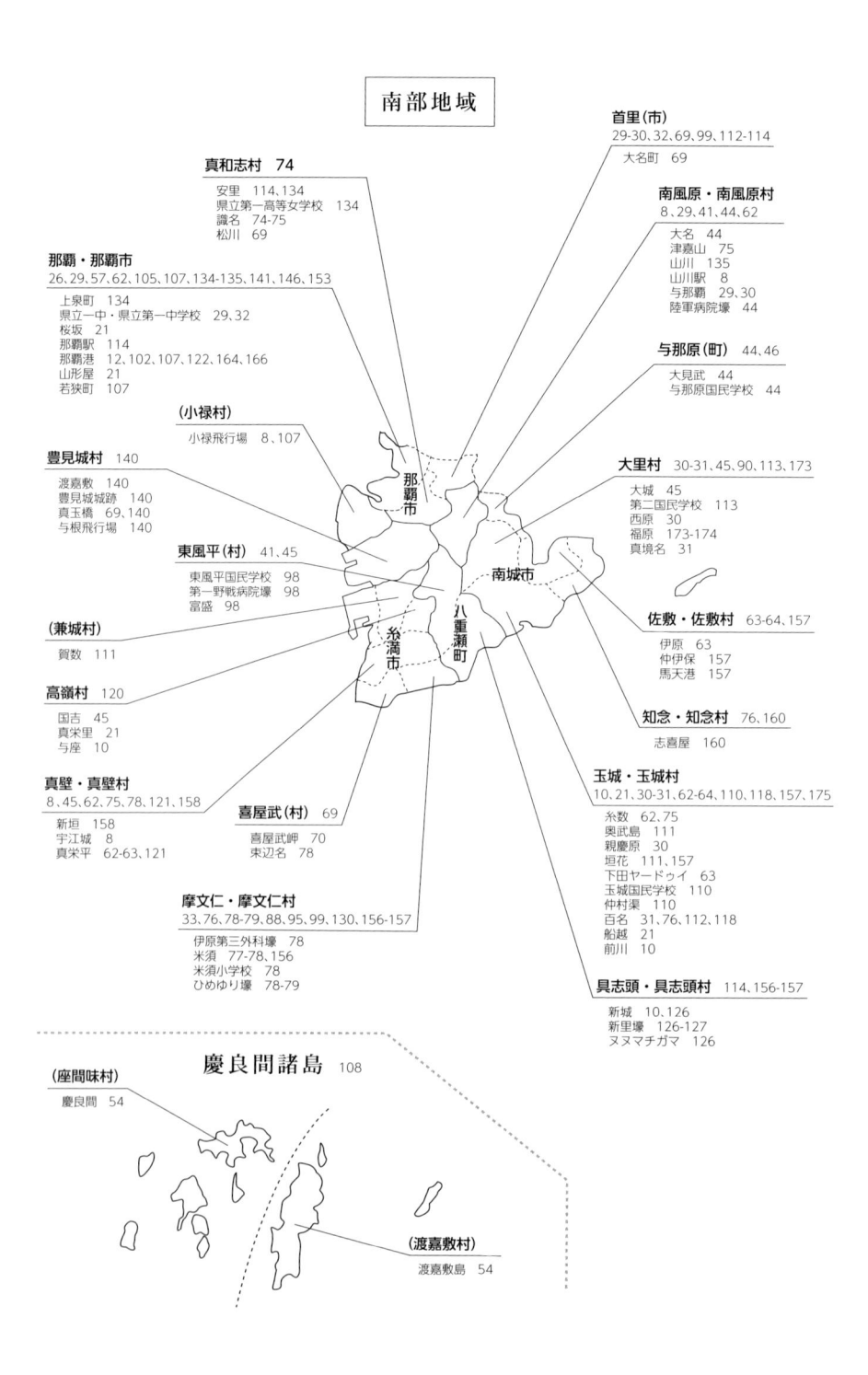

宮古・八重山地域

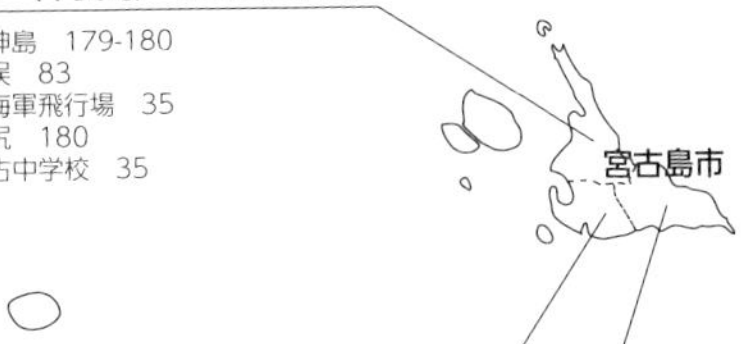

沖縄県外・国外

語れども 語れども 1

うまんちゅの戦争体験

2017年10月28日　初版第1刷発行
(定価はカバーに表示してあります)

編　者　沖縄タイムス社
発行者　豊平良孝
発行所　株式会社沖縄タイムス社
〒900-8678　沖縄県那覇市久茂地2－2－2
TEL　098-860-3591（出版部）
FAX　098-860-3830
http://www.okinawatimes.co.jp/
印　刷　株式会社平山印刷

Printed in Japan
ISBN978-4-87127-247-6